EROS
E
ÁGAPE

Dados Internacionais de Catalogação na Publicação (CIP)
(Câmara Brasileira do Livro, SP, Brasil)

Cantalamessa, Raniero
  Eros e Ágape : as duas faces do amor humano e cristão / Raniero Cantalamessa ; tradução de João Batista Kreuch. – Petrópolis, RJ : Vozes, 2017.

  Título original : Eros e Agape : le due facce dell'amore umano e cristiano

  2ª reimpressão, 2023.

  ISBN 978-85-326-5388-8

  1. Amor – Aspectos religiosos – Cristianismo 2. Deus – Amor 3. Relações humanas – Aspectos religiosos – Cristianismo I. Título.

16-09094   CDD-241.4

Índices para catálogo sistemático:
1. Amor ágape : Virtude : Aspectos religiosos : Cristianismo   241.4
2. Amor eros : Relações humanas : Aspectos

RANIERO CANTALAMESSA

EROS E ÁGAPE

As duas faces do amor humano e cristão

Tradução de João Batista Kreuch

EDITORA VOZES
Petrópolis

© 2011, Edizioni San Paolo s.r.l.
Piazza Soncino 5 – 20092 Cinisello Balsamo (Milão) – Itália
www.edizionisanpaolo.it

Tradução realizada a partir do original em italiano intitulado
Eros e Agape – Le due facce dell'amore umano e cristiano

Direitos de publicação em língua portuguesa – Brasil:
2017, Editora Vozes Ltda.
Rua Frei Luís, 100
25689-900 Petrópolis, RJ
www.vozes.com.br
Brasil

Todos os direitos reservados. Nenhuma parte desta obra poderá ser reproduzida ou transmitida por qualquer forma e/ou quaisquer meios (eletrônico ou mecânico, incluindo fotocópia e gravação) ou arquivada em qualquer sistema ou banco de dados sem permissão escrita da editora.

CONSELHO EDITORIAL

Diretor
Gilberto Gonçalves Garcia

Editores
Aline dos Santos Carneiro
Edrian Josué Pasini
Marilac Loraine Oleniki
Welder Lancieri Marchini

Conselheiros
Elói Dionísio Piva
Francisco Morás
Ludovico Garmus
Teobaldo Heidemann
Volney J. Berkenbrock

Secretário executivo
Leonardo A.R.T. dos Santos

Editoração: Fernando Sergio Olivetti da Rocha
Diagramação: Sheilandre Desenv, Gráfico
Revisão gráfica: Nilton Braz da Rocha / Nivaldo S. Menezes
Capa: SG Design

ISBN 978-85-326-5388-8 (Brasil)
ISBN 978-88-215-7280-7 (Itália)

Este livro foi composto e impresso pela Editora Vozes Ltda.

Sumário

Premissa, 7

I – O amor cristão, uma pérola entre duas conchas, 9
    1 *Jazz* frio ou *jazz* quente?, 9
    2 A incompatibilidade entre os dois amores, 11
    3 Retorno à síntese, 15
    4 Cristo, objeto primário do eros humano, 18

II – Deus também deseja o ser humano, 25
    1 O amor de Deus na eternidade, 26
    2 O amor de Deus na criação, 28
    3 O amor de Deus na revelação, 29
    4 O amor de Deus na encarnação, 31
    5 Se isso não é amor..., 32
    6 Nós acreditamos no amor de Deus!, 34

III – Seja sincera a vossa caridade, 39
    1 Amarás o teu próximo como a ti mesmo, 39
    2 Amai-vos de coração sincero, 43
    3 A caridade edifica, 47

IV – Um amor feito de atos – A relevância social do
Evangelho, 53

    1 O exercício da caridade, 53

    2 A emergência do problema social, 55

    3 A reflexão teológica: teologia liberal e dialética, 58

    4 A doutrina social da Igreja, 62

    5 A nossa parte, 64

V – Amou-nos quando éramos inimigos – Pregação da
Sexta-feira Santa, 69

Premissa

Este pequeno livro reúne as meditações proferidas na Casa Pontifícia, na presença do Papa Bento XVI e daqueles que participavam da *Cappella Papale*, na Quaresma de 2011. Em alguns casos excepcionais, em que não pude deixar de fazê-lo para não perder a força e o sentido da frase, mantive a referência a esse momento oral originário.

Na linha das duas encíclicas dedicadas por Bento XVI ao tema da caridade (*Deus Caritas est* e *Caritas in Veritate*) se busca partir da fonte última do amor que é Deus, para colocar em claro a beleza do ideal cristão que reconcilia em si eros e ágape e a necessidade de vincular a ele todas as relações humanas.

Uma atenção particular é dedicada às qualidades que, segundo o Novo Testamento, devem revestir o amor. Ele deve ser um amor "sincero" ou sem hipocrisia, mas também "ativo", que consista não apenas de sentimentos e palavras, mas de gestos concretos em relação aos outros. Em suma, deve ser um amor que parte do coração, mas chega até às mãos! Nesse sentido é que se coloca a reflexão sobre a relevância social do Evangelho.

O último capítulo, dedicado ao amor "maior que se possa imaginar", o amor de Cristo na cruz, reproduz a homilia proferida durante a Liturgia da Paixão na Basílica de São Pedro na Sexta-feira Santa do mesmo ano.

I
O amor cristão, uma pérola entre duas conchas

1 *Jazz* frio ou *jazz* quente?

Há um âmbito em que a secularização atua de modo particularmente difuso e nefasto: é o âmbito do amor. A secularização do amor consiste em separar o amor humano, em todas as suas formas, de Deus, reduzindo-o a alguma coisa de puramente "profana", em que Deus "está sobrando", quando não é visto inclusive como um incômodo.

O tema do amor não é importante apenas para a evangelização, ou seja, nas relações com o mundo; é importante também, e acima de tudo, para a vida interna da Igreja, para a santificação dos seus membros. Esta é a perspectiva em que se coloca a Encíclica *Deus Caritas est* de Bento XVI e é nesta perspectiva que eu também me coloco nestas reflexões.

O amor sofre de uma nefasta separação não só na mentalidade do mundo secularizado, mas também, do lado oposto, entre os que creem e, particularmente, entre as almas consagradas. Simplificando ao máximo, poderíamos descrever a situação da seguinte forma: no mundo encontramos um eros sem ágape; e entre os cristãos, muitas vezes, um ágape sem eros.

O eros sem ágape é um amor romântico, geralmente passional, que pode chegar à violência. Um amor de conquista que reduz fatalmente o outro a objeto do próprio prazer e ignora toda dimensão de sacrifício, de fidelidade e doação de si. Não é necessário insistir na descrição desse amor porque se trata de uma realidade que encontramos diariamente sob os nossos olhos, propagada que é de maneira insistente nos romances, filmes, ficções televisivas, internet, nas chamadas revistas "cor-de-rosa". É o que a linguagem comum entende, na verdade, com a palavra "amor".

Mais útil para nós é entender o que seria o ágape sem amor. Na música existe uma distinção que pode nos ajudar a ter uma ideia: a diferença entre o *jazz* quente e o *jazz* frio. Eu li certa vez essa caracterização dos dois gêneros, mas sei que não é a única possível. O *jazz* quente (*hot*) é um *jazz* apaixonado, ardente, expressivo, feito de impulsos, de sentimentos e, portanto, de arroubos e improvisações originais. O *jazz* frio (*cool*) é aquele que se tem quando se passa ao profissionalismo: os sentimentos se tornam repetitivos, a inspiração dá lugar à técnica, a espontaneidade ao virtuosismo, trabalha-se mais com a cabeça do que com o coração.

Atendo-nos a essa distinção, o ágape sem eros se revela um "amor frio", é como amar sem envolver-se de fato, sem a participação do ser inteiro, mais por imposição da vontade do que por um impulso íntimo do coração, assumir como seu um molde predefinido em vez de criar algo próprio e irrepetível, assim como irrepetível é cada ser humano diante de Deus. Os atos de amor voltados para Deus se parecem, nesse caso, com os daqueles namorados sem inspiração, que escrevem à sua amada cartas copiadas de modelos prontos.

Se o amor mundano é como um corpo sem alma, o amor religioso assim praticado equivale a uma alma sem corpo. O ser humano não é um anjo, ou seja, puro espírito; é alma e corpo substancialmente unidos: tudo o que o ser humano faz, amar inclusive, deve refletir essa estrutura sua. Se o componente ligado à afetividade e ao coração for sistematicamente negado ou reprimido, haverá duas saídas possíveis: ou se vai levando adiante, por senso de dever e para defender sua própria imagem, ou se vai atrás de compensações mais ou menos lícitas, chegando até os dolorosíssimos casos que conhecemos bem. Por trás de muitos desvios morais de almas consagradas não podemos ignorar: há uma concepção distorcida e desvirtuada do amor.

Temos, então, um duplo motivo e uma dupla urgência de redescobrir o amor em sua unidade original. O amor verdadeiro e integral é uma pérola escondida dentro de duas conchas que são eros e ágape. Essas duas dimensões do amor não podem ser separadas sem que ele se destrua, assim como o hidrogênio e o oxigênio não podem ser separados um do outro sem que, com isso, se deixe de ter a água.

2 A incompatibilidade entre os dois amores

A reconciliação mais importante entre as duas dimensões do amor é a reconciliação prática que acontece na vida das pessoas, mas, para que ela se torne possível, é necessário começar reconciliando entre si eros e ágape, também teoricamente, na doutrina. Isto nos permitirá, além do mais, saber finalmente o que se entende por estes dois termos tão usados e tantas vezes mal-entendidos.

A importância da questão nasce do fato de que existe uma obra que popularizou em todo o mundo cristão a tese oposta, ou seja, a tese da inconciliabilidade das duas formas de amor. Trata-se do livro do teólogo luterano sueco Anders Nygren, intitulado *Eros e ágape*[1]. Podemos resumir seu pensamento nos seguintes termos: eros e ágape designam dois movimentos opostos. O primeiro indica ascensão e subida do ser humano para Deus, como ao próprio bem e à própria origem; o segundo designa a descida de Deus até o ser humano na encarnação e na cruz de Cristo, ou seja, a salvação oferecida ao ser humano sem mérito nem resposta de sua parte, a não ser a fé somente. O Novo Testamento fez uma escolha precisa, usando, para exprimir o amor, o termo ágape, e refutando sistematicamente o termo eros.

São Paulo foi quem reuniu e formulou de forma mais pura essa doutrina do amor. Depois dele, sempre de acordo com a tese de Nygren, essa antítese radical se perdeu rapidamente para dar lugar a tentativas de síntese. Tão logo o cristianismo entra em contato cultural com o mundo grego e a visão platônica, já com Orígenes, ocorre uma reavaliação do eros como movimento de ascendência da alma em direção ao bem, como uma atração universal exercida pela beleza e pelo divino. Nessa linha, o Pseudo-Dionísio Areopagita escreverá que "Deus é eros"[2], colocando este termo no lugar de ágape na célebre frase de João (1Jo 4,10).

No Ocidente, uma síntese semelhante foi realizada por Agostinho com a doutrina da *caritas*, entendida, é verdade, como doutrina do amor descendente e gratuito de Deus pelo ser humano (ninguém falou da "graça" de maneira mais

---

1. Edição original sueca: Estocolmo, 1930 [Trad. ital.: *Eros e agape* – La nozione cristiana dell'amore e le sue trasformazioni. Bolonha: Il Mulino, 1971].
2. PSEUDO-DIONIGI AREOPAGITA. *I nomi divini*, IV, 12 (PG 3, 709ss.).

convicta do que ele!), mas também como anseio humano pelo bem e por Deus. É dele a afirmação: "Fizeste-nos, Senhor, para ti e inquieto está o nosso coração até descansar em ti"[3]. É dele também a imagem do amor como um peso que atrai a alma, como que por força da gravidade, para Deus, como o lugar do próprio repouso e do próprio prazer[4]. Tudo isso, para Nygren, implica um elemento do amor de si, do próprio bem, e, portanto, de egoísmo, que destrói a pura gratuidade da graça; é uma recaída na ilusão pagã de fazer a salvação consistir numa ascensão a Deus, em vez de consistir na gratuita e imotivada descida de Deus até nós.

Prisioneiros desta impossível síntese entre eros e ágape, entre amor de Deus e amor de si, permanecem, para Nygren, São Bernardo, ao definir o grau supremo do amor de Deus como um "amar a Deus por si mesmo" e um "amar a si mesmo por Deus"[5]; São Boaventura, com seu ascensional *Itinerário da mente para Deus*; e o próprio Santo Tomás de Aquino, que define o amor de Deus infundido no coração do batizado (cf. Rm 5,5) como "o amor com que Deus nos ama e com que nos faz também amar a Ele"[6]. Isto, de fato, equivale a dizer que o ser humano, amado por Deus, pode, por sua vez, amar a Deus, dar-lhe algo de seu, o que destrói, sempre de acordo com Nygren, a absoluta gratuidade do amor de Deus. O mesmo desvio acontece, segundo ele, na mística católica. O amor dos místicos, com sua fortíssima

---

3. S. AGOSTINHO. *Confessioni* I, 1.

4. *Commento al vangelo di Giovanni*, 26,4-5.

5. Cf. S. BERNARDO. *De diligendo Deo*, IX, 26-X, 27.

6. S. TOMÁS DE AQUINO. *Commento alla Lettera ai Romani*, cap. V, 1, n. 392-393. Cf. S. AGOSTINHO. *Commento alla Prima Lettera di Giovanni*, 9,9.

carga de eros, outra coisa não é, para ele, senão um amor sensual sublimado, uma tentativa de estabelecer com Deus uma relação de presunçosa reciprocidade de amor.

Quem rompeu a ambiguidade e devolveu à luz a pura antítese paulina foi Lutero. Fundamentando a justificação apenas na fé, segundo o autor, ele não excluiu a caridade do momento fundante da vida cristã, como o critica a teologia católica; em vez disso, ele libertou a caridade, o ágape, do elemento espúrio do eros. À fórmula "somente a fé", com exclusão das obras, corresponderia, em Lutero, a fórmula do "somente o ágape", com exclusão do eros.

Não me cabe aqui estabelecer se o autor interpretou corretamente o pensamento de Lutero, nesse ponto. Este – fique claro – nunca colocou o problema em termos de contraste entre eros e ágape como fez, por outro lado, entre fé e obras. É significativo, no entanto, o fato de também Karl Barth, num capítulo da sua *Dogmática eclesial*, chegar ao mesmo resultado que Nygren de um contraste insanável entre eros e ágape. "Onde entra em cena o amor cristão", escreve ele, "começa imediatamente o conflito com o outro amor, e este conflito não tem fim"[7]. Estamos em plena teologia dialética, teologia do *aut-aut*, da antítese a qualquer preço.

O contragolpe desta operação é a radical mundanização e secularização do eros. De fato, enquanto certa teologia afastava o eros do ágape, a cultura secular, por sua vez, estava bem feliz fazendo a operação contrária, retirando o ágape do eros, ou seja, toda referência a Deus e à graça do

---

7. K. BARTH. *Dogmatica ecclesiale*, IV, 2, 832-852 [Trad. ital.: *Dommatica ecclesiale* – Antologia a cura di H. Gollwitzer. Bolonha: Il Mulino, 1968, p. 199-225].

amor humano. Freud foi até o fundo nessa linha, reduzindo o amor a eros e o eros a *libido*, a pura pulsão sexual. É o estado a que se reduziu hoje o amor em muitas manifestações da vida e da cultura, principalmente no mundo do espetáculo, a *sex appeal*, atração sexual.

Há alguns anos eu estava em Madri e nos jornais se alardeava uma mostra de arte na cidade, intitulada "Lágrimas de eros". Era uma mostra de obras artísticas de cunho erótico – quadros, desenhos, esculturas – que pretendia chamar a atenção para o inseparável vínculo existente, na experiência humana moderna, entre eros e *thanatos*, entre o amor e a morte. À mesma constatação se chega quando se lê a coletânea de poesias *As flores do mal*, de Baudelaire, ou *Uma temporada no inferno*, de Rimbaud. O amor que, por natureza, deveria levar à vida, leva, ao invés, à morte.

3 Retorno à síntese

Se não podemos mudar de uma vez a ideia que o mundo tem do amor, podemos, no entanto, corrigir a visão teológica que, obviamente sem querer, a favorece e legitima. É o que fez de maneira exemplar o Papa Bento XVI com a Encíclica *Deus Caritas est*. Ele reafirma a síntese católica tradicional expressando-a em termos modernos.

> Eros e ágape – amor ascendente e amor descendente – não se deixam jamais separar totalmente um do outro [...]. A fé bíblica não constrói um mundo paralelo ou um mundo contraposto ao original fenômeno humano que é o amor, mas aceita o ser humano inteiro intervindo na sua busca pelo amor para purificá-la,

destravando-lhe ao mesmo tempo novas dimensões (n. 7-8).

Eros e ágape estão unidos à própria fonte do amor que é Deus: "Ele ama" – continua o texto da encíclica –, "e este seu amor pode ser qualificado sem dúvida como eros que, no entanto, é também e totalmente ágape" (n. 9).

Entende-se, assim, o acolhimento surpreendentemente favorável que este documento pontifício encontrou mesmo nos ambientes leigos mais abertos e responsáveis. Ele dá uma esperança ao mundo. Corrige a imagem de uma fé que toca o mundo pela tangente, sem penetrá-lo, com a imagem evangélica da levedura que faz a massa fermentar; substitui a ideia de um reino de Deus que vem "julgar" o mundo pela de um reino de Deus que vem "salvar" o mundo, começando pelo eros que é a sua força dominante.

À visão católica, que nesse ponto coincide com a ortodoxa, pode-se trazer, me parece, uma confirmação também do ponto de vista exegético. Aqueles que sustentam a tese da incompatibilidade entre eros e ágape se baseiam no fato de o Novo Testamento evitar cuidadosamente – e, ao que parece, propositalmente – o termo eros, usando em seu lugar sempre e somente ágape, exceto por algum raro uso do termo *philia*, que indica um amor de amizade.

O fato é verdadeiro, mas não são verdadeiras as conclusões que dele se tiram. Supõe-se que os autores do Novo Testamento tenham presente tanto o sentido que o termo eros tinha na linguagem comum – o eros assim chamado "vulgar" – quanto o sentido elevado e filosófico que tinha, por exemplo, em Platão, o chamado eros "nobre". Na acepção popular, eros indicava mais ou menos o que indica hoje quando se fala de erotismo ou de filmes eróticos, isto é, a satisfação do instinto sexual, um degradar-se mais do que um elevar-se. Na acepção nobre, ele indicava o amor pela beleza, a força que mantém unido o mundo e impulsiona todos os seres à unidade, ou seja, aquele movimento de ascensão rumo ao divino que os teólogos dialéticos consideram incompatível com o movimento de descida do divino até o humano.

É difícil afirmar que os autores do Novo Testamento, dirigindo-se a pessoas simples e de nenhuma cultura, pretendessem alertá-las a respeito do eros de Platão. Eles evitaram o termo eros pelo mesmo motivo que o pregador de hoje evita o termo erótico, ou, se o emprega, é somente em sentido negativo. O motivo é que, tanto naquela época como hoje, a palavra evoca o amor em sua expressão mais egoísta e sensual.

O sentido que os primeiros cristãos davam à palavra eros se deduz facilmente do conhecido texto de Santo Inácio de Antioquia: "O meu amor (eros) foi crucificado e não há em mim fogo de paixão... não me atraem o alimento de corrupção e os prazeres desta vida"[8]. A expressão "o meu amor (eros) foi crucificado", contrariamente ao que se acreditava no passado, não indica Jesus crucificado, mas "o amor de mim mesmo", o apego aos prazeres terrenos. Estamos na linha do paulino "Fui crucificado com Cristo e não sou mais eu que vivo" (Gl 2,19s.).

A desconfiança dos primeiros cristãos em relação ao eros aumentava, finalmente, com o papel que ele cumpria nos dissolutos cultos dionisíacos. Assim que o cristianismo

---

8. S. INÁCIO DE ANTIOQUIA. *Lettera ai Romani*, 7,2.

entra em contato e diálogo com a cultura filosófica grega, cai imediatamente, como já vimos, toda barreira em relação ao eros. Esse é usado com frequência, nos autores gregos, como sinônimo de ágape, e empregado para indicar o amor de Deus pelo ser humano, o amor do ser humano por Deus, e ainda o amor pelas virtudes e por tudo o que é belo. Basta, assim, para nos convencermos disso, uma simples olhada no *Lessico Patristico Greco* de Lampe[9]. O sistema de Nygren e Barth, portanto, foi elaborado sobre uma falsa aplicação do assim chamado argumento "do silêncio" (*ex silentio*).

4 Cristo, objeto primário do eros humano

O resgate do eros ajuda acima de tudo os enamorados humanos e os esposos cristãos, mostrando a beleza e a dignidade do amor que os une. Ajuda os jovens a experimentar o fascínio do outro sexo não como algo suspeito, que deva ser vivido às escondidas de Deus, mas, ao contrário, como um dom do Criador para a sua alegria, desde que vivido na ordem querida por Ele. A essa função positiva do eros no amor humano acena também o papa em sua encíclica, quando fala do caminho de purificação do eros, que leva da atração momentânea ao "para sempre" do matrimônio (n. 4-5).

Mas o resgate do eros deve ajudar a todos, também quem não é casado, também os celibatários e as virgens consagradas. Eu acenei no início ao perigo que as almas religiosas correm de um amor frio, que nunca desce da mente para o coração. Um sol de inverno, que ilumina, mas não

---

9. Cf. G.W.H. LAMPE. *A Patristic Greek Lexicon*. Oxford, 1961, p. 550.

aquece. Se eros significa impulso, desejo, atração, não devemos ter medo dos sentimentos, nem muito menos desprezá-los e reprimi-los. Quando se trata do amor de Deus, escreveu Guilherme de Saint-Thierry, o sentimento de afeto (*affectio*) também ele é graça; de fato, não é a natureza que pode infundir em nós um sentimento assim[10].

Os salmos estão cheios desse anseio do coração por Deus: "A ti, Senhor, eu elevo a minh'alma..." "A minh'alma tem sede de Deus, do Deus vivo". Em *Nuvem do não saber*, um clássico da literatura espiritual da Idade Média, se lê:

> Preste atenção a este maravilhoso trabalho da graça na tua alma. Ele não é senão impulso imprevisto, que surge sem qualquer aviso-prévio e aponta diretamente para Deus, como uma centelha que se desprende do fogo... Perfure essa espessa nuvem do não saber com a flecha pontiaguda do desejo de amor e não se mova dali, aconteça o que acontecer[11].

É suficiente, para tanto, um pensamento, um movimento do coração, uma jaculatória. Mas tudo isso não nos basta e Deus o sabe melhor do que nós. Somos criaturas, vivemos no tempo e num corpo; temos necessidade de uma tela onde projetar o nosso amor que não seja apenas "a nuvem do não saber", o véu de escuridão por trás do qual se oculta o Deus que ninguém jamais viu e que habita numa luz inacessível...

---

10. GUILHERME DE SAINT-THIERRY. *Meditazioni*, XII, 29 (SCh 324, p. 210).

11. ANÔNIMO. *La nube della non conoscenza*. Milão: Áncora, 1981, p. 136-140.

A resposta que se dá a esta pergunta, conhecemos bem: é por isso que Deus nos deu o próximo para amarmos! "A Deus ninguém viu; se nos amarmos uns aos outros, Deus permanece em nós e o seu amor em nós é perfeito. Quem não ama o próprio irmão, a quem vê, não pode amar a Deus, a quem não vê" (1Jo 4,12.20). Mas devemos ficar atentos para não pular um degrau decisivo: antes do irmão que vemos, há outro que também vemos e tocamos: há o Deus que se fez carne, há Jesus Cristo! Entre Deus e o próximo há o Verbo encarnado que reuniu os dois extremos numa só pessoa. É nele, portanto, que o próprio amor ao próximo se fundamenta: "Foi a mim que o fizestes".

O que significa tudo isto pelo amor de Deus? Que o objeto primário no nosso eros, da nossa busca, desejo, atração, paixão, deve ser o Cristo.

> Ao Salvador é pré-ordenado o amor humano desde o princípio, como ao seu modelo e fim, como um cofre tão grande e tão amplo que pudesse acolher a Deus [...]. O desejo da alma se volta unicamente a Cristo. Esse é o lugar do seu repouso, porque só Ele é o bem, a verdade e tudo aquilo que inspira amor[12].

Ressoa alto em toda a espiritualidade monástica ocidental a máxima de São Bento: "Nada absolutamente seja anteposto ao amor por Cristo". Isso não significa restringir o horizonte do amor cristão de Deus a Cristo; significa amar a Deus da maneira que Ele quer ser amado. "O Pai vos ama porque vós me amais" (Jo 16,27). Não se trata de um amor

---

12. N. CABASILAS. *Vita in Cristo*, II, 9 (PG 88, 560-561).

mediado, quase por procuração, por meio do qual quem ama Jesus "é como se" amasse o Pai. Não, Jesus é um mediador imediato; amando a Ele, amamos, *ipso facto*, o Pai. "Quem me vê, vê o Pai"; quem me ama, ama o Pai.

É verdade que nem mesmo a Cristo se vê, mas Ele existe. Ressuscitou, está vivo, está ao nosso lado, de modo mais real do que o esposo mais apaixonado está junto da esposa. Eis o ponto crucial: pensar em Cristo não como uma pessoa do passado, mas como o Senhor ressuscitado e vivente, com quem eu posso falar, a quem eu posso beijar se quiser, na certeza de que o meu beijo não termina no papel ou na madeira de um crucifixo, mas num rosto e em lábios de carne viva (ainda que espiritualizada), felizes de receber meu beijo.

A beleza e a plenitude da vida consagrada dependem da qualidade do nosso amor por Cristo. Somente Ele é capaz de nos defender das dispersões do coração. Jesus é o homem perfeito; nele se encontram, em grau infinitamente superior, todas aquelas qualidades e atenções que um homem procura numa mulher e uma mulher no homem. Seu amor não nos subtrai, necessariamente, ao apelo das criaturas e, particularmente, à atração pelo outro sexo (ela faz parte da nossa natureza, que Deus mesmo criou e que não deseja destruir); mas nos dá a força para vencer essas atrações com uma atração mais forte. "Casto", escreve São João Clímaco, "é aquele que afasta o eros com o Eros"[13].

Tudo isso, por acaso, destrói a gratuidade do ágape, pretendendo dar a Deus alguma coisa em troca do seu coração? Anula a graça, como pensa Nygren? Absolutamente não.

---

13. S. JOÃO CLÍMACO. *La scala del paradiso*, XV, 98 (PG 88, 880).

Antes, a exalta. O que, de fato, desse modo damos a Deus senão aquilo que dele recebemos? "Nós amamos porque Ele nos amou primeiro" (1Jo 4,19). O amor que damos a Cristo é o seu próprio amor por nós, que devolvemos a Ele, como o eco faz com a nossa voz.

Onde estão, então, a novidade e a beleza deste amor que chamamos eros? O eco devolve para Deus o seu próprio amor, mas enriquecido, colorido e perfumado com a nossa liberdade. E é tudo o que Ele quer. A nossa liberdade lhe paga tudo. Não só isto, mas, coisa inaudita, escreve Cabasilas, "recebendo de nós o dom do amor em troca por tudo o que nos deu, se considera em débito conosco"[14]. A tese que contrapõe eros e ágape se baseia em outra contraposição bem conhecida: a contraposição entre graça e liberdade, e, mais que isso, na própria negação da liberdade no ser humano decaído (sobre o "servo arbítrio").

Eu procurei imaginar, veneráveis padres e irmãos, o que diria Cristo ressuscitado se, como fazia em sua vida terrena, quando entrava aos sábados numa sinagoga, viesse agora sentar-se aqui, no meu lugar, e nos explicasse em pessoa qual é o amor que Ele espera de nós. Quero compartilhar com vocês, com simplicidade, o que eu penso que Ele diria. Servirá ao nosso exame de consciência sobre o amor:

> O amor ardente:
> É colocar-me sempre em primeiro lugar.
> É procurar satisfazer-me em todo momento.
> É confrontar os teus desejos com o meu desejo.

---

14. N. CABASILAS. *Vita in Cristo*, VI, 4.

É viver diante de mim como amigo, confidente, esposo, e ser feliz assim.

É ficar inquieto quando pensar em ficar um pouco longe de mim.

É estar repleto de felicidade quando estou contigo.

É estar disposto a grandes sacrifícios para nunca me perder.

É preferir viver pobre e desconhecido comigo a rico e famoso sem mim.

É falar comigo como ao amigo mais amado em cada momento.

É confiar-te a mim pensando no teu futuro.

É desejar perder-te em mim como meta de tua existência.

Se lhes parecer, como a mim parece, estar muito distantes dessa meta, não nos desencorajemos. Temos alguém que pode nos ajudar a chegar lá se lhe pedirmos ajuda. Repitamos com fé ao Espírito Santo: *Veni, Sancte Spiritus, reple tuorum corda fidelium et tui amoris in eis ignem accende*: Vinde, Espírito Santo, enchei os corações dos vossos fiéis e acendei neles o fogo do vosso amor.

II

Deus também deseja o ser humano

O primeiro e fundamental anúncio que a Igreja está encarregada de levar ao mundo e que o mundo espera da Igreja é o anúncio do amor de Deus. Mas para que os evangelizadores sejam capazes de transmitir esta certeza é necessário que eles próprios estejam intimamente imbuídos de que essa seja a luz de sua vida. É a esse escopo que pretende servir, ao menos em pequena parte, a presente meditação.

A expressão "amor de Deus" possui duas acepções muito diversas entre si: uma em que Deus é objeto e outra em que Deus é sujeito; uma que indica o nosso amor por Deus e outra que indica o amor de Deus por nós. O ser humano, por natureza, mais propenso a ser ativo do que passivo, mais a sentir-se credor do que devedor, sempre deu preferência ao primeiro significado, àquilo que fazemos nós para Deus. Também a pregação cristã tem seguido este caminho, falando em certas épocas, quase somente do "dever" de amar a Deus (*De diligendo Deo*).

Mas a revelação bíblica dá precedência ao segundo significado: ao amor "de" Deus, não o amor "por" Deus. Aristóteles Dizia que Deus move o mundo "enquanto *é amado*", isto é, enquanto é objeto de amor e causa final de todas as criaturas[15]. Mas a Bíblia diz exatamente o contrário, isto é, que Deus cria e move o mundo enquanto *ama* o mundo. A coisa mais importante a respeito do amor de Deus não é, portanto, que o ser humano ame a Deus, mas que Deus ama o ser humano e o ama "por primeiro": "Nisto consiste o amor: não fomos nós que amamos a Deus, mas foi Ele que nos amou" (1Jo 4,10). Disso depende tudo o mais, inclusive a nossa própria capacidade de amar a Deus: "Nós amamos porque Ele nos amou primeiro" (1Jo 4,19).

1 O amor de Deus na eternidade

João é o homem de grandes saltos. Ao reconstruir a história terrena de Cristo, os outros se fixaram no seu nascimento de Maria, mas ele dá o grande salto inverso, do tempo para a eternidade: "No princípio era o Verbo". Faz o mesmo a respeito do amor. Todos os outros, incluindo Paulo, falaram do amor de Deus que se manifestou na história e culminou na morte de Cristo; ele retorna a antes da história. Não nos apresenta apenas um Deus que *ama*, mas um Deus que *é* amor. "No princípio era o amor, o amor estava em Deus e o amor era Deus": assim podemos compreender sua afirmação: "Deus é amor" (1Jo 4,16).

Sobre essa afirmação Santo Agostinho escreveu: "Se não houvesse, em toda essa carta e em todas as páginas da Escritura, nenhum outro elogio ao amor além dessa única palavra, isto é, que Deus é amor, não deveríamos pedir nada mais"[16]. A Bíblia inteira não faz outra coisa senão "narrar

---

15. ARISTÓTELES. *Metafísica*, XII, 7, 1072b.
16. S. AGOSTINHO. *Trattati sulla Prima Lettera di Giovanni*, 7,4.

o amor de Deus"[17]. Esta é a notícia que sustenta e explica todas as demais.

Discute-se sem fim, e não é de hoje, se Deus existe; mas eu creio que a coisa mais importante não é saber se Deus existe, mas se é amor[18]. Se por hipótese Ele existisse, mas não fosse amor, teríamos mais o que temer do que a nos alegrar pela sua existência, como de fato ocorreu em diversos povos e civilizações. A fé cristã nos dá garantia disto: Deus existe e é amor!

O ponto de partida de nossa viagem é, portanto, a Trindade. Por que os cristãos creem na Trindade? A resposta é: porque creem que Deus é amor. Onde Deus é concebido como Lei suprema e Poder supremo não há, evidentemente, a necessidade de uma pluralidade de pessoas e por isso não se entende a Trindade. O direito e o poder podem ser exercidos por uma só pessoa, o amor não.

Não existe amor que não seja amor a alguma coisa ou por alguém, assim como – diz o filósofo Husserl – não há conhecimento que não seja conhecimento de alguma coisa. Quem ama Deus para que seja definido amor? A humanidade? Mas os seres humanos existem há apenas alguns milhões de anos; antes disso, quem amava Deus para que fosse definido amor? Não pode ter começado a ser amor em certo momento do tempo, porque Deus não pode mudar sua essência. O cosmo? Mas o universo existe há alguns bilhões de anos; antes, quem amava Deus para poder ser definido

---

17. S. AGOSTINHO. *De cathechizandis rudibus*, I, 8, 4 (PL 40, 319).

18. Cf. S. KIERKEGAARD. *Discorsi edificante in diverso spirito*, 3: *Il Vangelo delle sofferenze*, IV.

amor? A si mesmo? Mas amar a si mesmo não é amor, é egoísmo ou, como dizem os psicólogos, é narcisismo.

E eis a resposta da revelação cristã que a Igreja recebeu de Cristo e explicitou em seu credo. Deus é amor em si mesmo, antes do tempo, porque desde sempre tem em si mesmo um Filho, o Verbo, que ama com um amor infinito que é o Espírito Santo. Em todo amor há sempre três realidades ou sujeitos: um que ama, um que é amado e o amor que os une.

2 O amor de Deus na criação

Quando este amor fontal se desdobra no tempo temos a história da salvação. A primeira etapa dela é a *criação*. O amor, por sua natureza, é *diffusivum sui*, isto é, tende a comunicar-se. Assim como "o agir segue o ser", sendo amor, Deus cria por amor. "Por que Deus nos criou?": assim soava a segunda pergunta do catecismo de antigamente, e a resposta era: "Para o conhecermos, amarmos e servirmos nesta vida e o gozarmos depois na outra, no paraíso". Resposta irrepreensível, mas parcial. Ela responde à pergunta sobre a causa final: "Para qual objetivo, a que finalidade Deus nos criou"; não responde à pergunta sobre a causa original: "Por que nos criou, o que o motivou a criar-nos". A esta pergunta não se deve responder: "para que o amássemos", mas "porque Ele nos amava".

Como está distante, neste ponto, a visão cristã da origem do universo daquela do cientificismo ateu! Um dos sofrimentos mais profundos para um jovem ou uma jovem é descobrir um dia que vieram ao mundo por acaso, sem terem sido desejados, esperados, talvez por um erro dos pais. Certo cientificismo ateu parece estar empenhado em infligir este tipo de sofrimento à humanidade inteira. Ninguém seria capaz de nos convencer de que fomos criados por amor melhor do que Santa Catarina de Sena em sua ardente oração à Trindade:

> Como criaste, ó Pai Eterno, esta tua criatura? [...] O fogo te obrigou. Ó amor inefável, embora em tua luz tenhas visto todas as iniquidades que tua criatura cometeria contra tua infinita bondade, Tu não quiseste colocar nisto os olhos, mas firmaste os olhos na beleza de tua criatura, pela qual Tu, como louco e inebriado de amor, te enamoraste e por amor a atraíste a ti, dando-lhe o ser à tua imagem e semelhança. Tu, verdade eterna, declaraste a mim a tua verdade, isto é, que o amor te compeliu a criá-la.

Isto não é só ágape, amor de misericórdia, de doação e de descida; também é eros, e no estado puro; é atração pelo objeto do próprio amor, estima e fascínio da sua beleza.

3 O amor de Deus na revelação

A segunda etapa do amor de Deus é a *revelação*, a Escritura. Deus nos fala do seu amor, sobretudo, pela boca dos profetas. Diz em Oseias:

> Quando Israel era um menino, eu o amei [...]. Eu ensinei Efraim a caminhar, conduzindo-o pelos braços [...]. Eu os atraía com vínculos humanos, com laços de amor; eu era para eles como quem levanta o jugo de seu rosto, e os punha docemente

a comer […]. Como poderia abandonar-te, Efraim? […] Meu coração se comove inteiro dentro de mim, e todas as minhas compaixões se acendem (Os 11,1-4.8).

Essa mesma linguagem a encontramos também em Isaías: "Acaso pode uma mulher esquecer o filho e não se comover pelo fruto de suas entranhas?" (Is 49,15). E em Jeremias: "Efraim é o filho que eu amo, meu pequeno, meu encanto! Toda vez que o repreendo recordo-me disso, comovem-se as entranhas e cedo à compaixão" (Jr 31,20). Nesses oráculos o amor de Deus se expressa ao mesmo tempo como amor paterno e materno: amor de solicitude, de apoio, de correção, como o amor de qualquer pai; amor "visceral", de ternura, de acolhimento e de compaixão, como o amor de qualquer mãe.

O homem conhece por experiência outro tipo de amor, do qual se diz que é "forte como a morte e suas chamas são labaredas de fogo" (cf. Ct 8,6), e também a esse tipo de amor Deus recorreu, na Bíblia, para nos dar uma ideia do seu amor apaixonado por nós. Todas as fases e as vicissitudes do amor esponsal são evocadas e usadas para esse objetivo: o encanto do amor no estado inicial do namoro (cf. Jr 2,2); a plenitude da alegria do dia do casamento (cf. Is 62,5); o drama do rompimento (cf. Os 2,4ss.) e, finalmente, o renascimento, cheio de esperança, do antigo vínculo (cf. Os 2,16; Is 54,8).

O *amor esponsal* é, fundamentalmente, um amor de desejo e de escolha. Se é verdade, por isso, que o ser humano deseja Deus, também é verdade, misteriosamente, o contrário, ou seja, que Deus deseja o ser humano, quer e estima o seu amor, se alegra com ele "como o esposo se alegra com a esposa"! (Is 62,5).

Como o Santo Padre chama à atenção na *Deus Caritas est*, a metáfora nupcial que perpassa quase toda a Bíblia e inspira a linguagem da "aliança" é a melhor demonstração de que o amor de Deus por nós também é eros e ágape, é dar e buscar conjuntamente. Não se pode reduzi-lo apenas a misericórdia, a um "fazer caridade" para o ser humano, no sentido mais simplificado da expressão.

4 O amor de Deus na encarnação

Chegamos assim à etapa culminante do amor de Deus, a *encarnação*: "Deus tanto amou o mundo que lhe deu seu unigênito" (Jo 3,16). Diante da encarnação se apresenta a mesma pergunta que nos fizemos com relação à criação: Por que Deus se fez homem? *Cur Deus homo?* Por muito tempo a resposta foi: para nos redimir do pecado. Duns Scoto aprofundou esta resposta, fazendo do amor o motivo fundamental da encarnação, como de todas as outras obras *ad extra* da Trindade.

Deus, conforme Scoto, primeiramente, ama a si mesmo; em segundo lugar, quer que existam outros seres que o amem ("secundo vult alios habere condiligentes"). Se decide a encarnação, é para que exista outro ser que o ame com o maior amor possível fora dele mesmo[19]. Assim sendo, a encarnação teria acontecido mesmo que Adão não tivesse pecado. Cristo é o primeiro pensado e o primeiro querido, o "primogênito da criação" (Cl 1,15), não a solução para um problema surgido a seguir com o pecado de Adão.

---

19. DUNS SCOTO. *Opus Oxoniense*, I, d. 17, q, 3, n. 31. • *Rep.*, II, d. 27, 1. Un., n. 3.

Mas mesmo a resposta de Scoto ainda é parcial e deve ser complementada com base naquilo que a Escritura nos diz com relação ao amor de Deus. Deus quis a encarnação do Filho não só para ter alguém fora de si mesmo *que o amasse* de maneira digna de si, mas também e principalmente para ter fora de si mesmo alguém *para amar* de maneira digna de si! E este é o Filho feito homem, em quem o Pai "encontra toda a sua complacência" e com Ele todos nos tornamos "filhos no Filho".

Cristo é a prova suprema do amor de Deus pelo ser humano não só em sentido objetivo, como um penhor inanimado do próprio amor que se dá a alguém, mas também no sentido subjetivo. Em outras palavras, não é só a prova do amor de Deus, mas é o próprio amor de Deus que tomou forma humana para poder amar e ser amado a partir de dentro da nossa situação. No princípio era o amor e "o amor se fez carne": assim diz um antiquíssimo escrito cristão parafraseando as palavras do Prólogo de João[20].

São Paulo cunha uma expressão apropriada para esta nova modalidade do amor de Deus, chamando-o "o amor de Deus que é em Cristo Jesus" (Rm 8,39). Se, como dizia da vez passada, todo o nosso amor por Deus deve expressar-se concretamente no amor por Cristo, é porque todo amor de Deus por nós foi, antes, expresso e recolhido em Cristo.

5 Se isso não é amor...

A repugnância de muitos exegetas e teólogos em aceitar o caráter "expiatório" da morte de Cristo, ou mesmo em

---

20. *Evangelium veritatis* (dos Codici di Nag-Hammadi).

aceitar a própria morte de Jesus como querida pelo pai e aceita livremente pelo Filho[21] depende, acredito, do fato de que, no estudo da Escritura se parte de toda "pré-compreensão" (*Vorverständnis*) possível e imaginável, exceto da única que ela mesma nos oferece, ou seja, que Deus é amor e tudo o que faz – inclusive aceitar a morte do Filho – é amor.

"Deus não poupou seu próprio Filho, mas o entregou por todos nós" (Rm 8,32): como na história do sacrifício de Isaque da qual foi extraída (Gn 22,16), essa frase não quer dizer: "Deus não poupou de sua justiça nem mesmo o Filho"; quer dizer: "Deus não poupou seu próprio Filho, mas fez o grande sacrifício de dá-lo por todos nós". Se isto não é amor...

A história do amor de Deus, porém, não acaba na Páscoa de Cristo; prolonga-se em Pentecostes, que torna presente e operante "o amor de Deus em Cristo Jesus" até o fim do mundo. "Permanecei no meu amor" (Jo 15,19) havia dito Jesus, e João acrescenta: "Sabemos que estamos nele e Ele em nós, por Ele nos ter dado seu Espírito" (1Jo 4,13). Não somos obrigados a viver apenas da lembrança do amor de Deus, como de algo que passou. "O amor de Deus foi infundido nos nossos corações mediante o Espírito Santo que nos foi dado" (Rm 5,5).

Mas o que é esse amor, que foi derramado em nosso coração no batismo? É um sentimento de Deus por nós? Uma disposição benévola de Deus em relação a nós? Uma inclinação? Algo, enfim, de *intencional*? É muito mais; é algo de *real*. É, literalmente, o amor *de* Deus, ou seja, o amor que

---

21. Cf. J. RATZINGER [Bento XVI]. *Gesù di Nazaret*. II Parte. Libreria Editrice Vaticana, 2011, p. 257s.

circula na Trindade entre Pai e Filho e que, na encarnação, assumiu forma humana e agora nos é participado sob a forma de "inabitação". "O meu Pai o amará e nós viremos a Ele e nele faremos morada" (Jo 14,23).

Tornamo-nos "partícipes da natureza divina" (2Pd 1,4), isto é, partícipes do amor divino. Encontramo-nos por graça, explica São João da Cruz, dentro do vórtice amoroso que passa desde sempre na Trindade entre o Pai e o Filho[22]; melhor ainda: entre o vórtice de amor que flui agora, no céu, entre o Pai e o seu Filho Jesus Cristo, ressuscitado da morte, de quem nós somos os membros.

6 Nós acreditamos no amor de Deus!

Esta que descrevi de maneira bastante simplificada é a revelação objetiva do amor de Deus na história. O que faremos, o que diremos depois de ter ouvido o quanto Deus nos ama? Uma primeira resposta é: *reamar* a Deus! Então não é esse o primeiro e o maior dos mandamentos da lei? Sim, mas isto vem depois. Outra resposta possível: amarnos como Deus nos amou! Não diz o Evangelista João que, se Deus nos amou, "também nós devemos amar uns aos outros"? (1Jo 4,11). Mas isso também vem depois. Primeiro há outra coisa a fazer. *Crer* no amor de Deus! Depois de dizer que "Deus é amor", o Evangelista João exclama: "Nós acreditamos no amor que Deus tem por nós!" (1Jo 4,16).

É a fé, portanto. Mas aqui se trata de uma fé especial: a fé-estupor, a fé incrédula (um paradoxo, eu sei, mas verdadeiro!), a fé que não sabe entender daquilo em que crê,

---

22. Cf. SÃO JOÃO DA CRUZ. *Cântico espiritual*, A, estrofe 38.

embora crendo. Como é possível que Deus, sumamente feliz na sua quieta eternidade, tenha tido o desejo não só de nos criar, mas ainda de vir em pessoa sofrer no meio de nós? Como isto é possível? Pronto: esta é a fé-estupor, a fé que nos faz felizes.

O grande convertido e apologeta da fé Clive Staples Lewis (autor – acrescentemos – do ciclo narrativo de Nárnia, recentemente levado ao cinema) escreveu uma obra singular intitulada *As cartas do diabo*. São cartas que um diabo velho escreve a um diabinho jovem e inexperiente, que tem a missão na terra de desencaminhar um jovem londrino que acaba de retornar à prática cristã. A finalidade é instruir o diabinho quanto às estratégias para atingir o objetivo. Trata-se de um moderno, finíssimo tratado de moral e de ascese, que deve ser lido ao contrário, ou seja, fazendo exatamente o oposto do que é aconselhado.

A certa altura, o autor nos faz assistir a uma espécie de discussão entre os demônios. Eles não conseguem entender que o Inimigo (é assim que eles se referem a Deus) ame de verdade "os vermes humanos e deseje a liberdade deles". Eles têm certeza de que isso não pode ser. Deve haver, necessariamente, uma enganação, um truque. Estamos nos perguntando isso, dizem eles, desde o dia em que o Nosso Pai (é assim que eles chamam lúcifer), exatamente por esse motivo, se afastou dele; ainda não descobrimos, mas um dia chegaremos lá[23]. O amor de Deus pelas suas criaturas é, para eles, o mistério dos mistérios. E eu acredito que, pelo menos nisso, os demônios têm razão.

---

23. C.S. LEWIS. *The Screwtape Letters*, 1942, cap. XIX [Trad. em port.: *Cartas de um diabo ao seu aprendiz*. São Paulo: Martins Fontes, 2005].

Pareceria uma fé fácil e agradável; mas é, talvez, a coisa mais difícil que exista, até para nós, criaturas humanas. Acreditamos, realmente, que Deus nos ama? Não é que não creiamos de verdade, mas pelo menos não cremos o suficiente. Pois se acreditássemos, a vida, nós mesmos, as coisas, os fatos, a própria dor, tudo se transfiguraria rapidamente diante dos nossos olhos! Hoje mesmo estaríamos com Ele no paraíso, porque o paraíso não é outra coisa: gozar da plenitude do amor de Deus.

O mundo tornou cada vez mais difícil acreditar no amor. Quem foi traído ou ferido uma vez tem medo de amar e ser amado, porque sabe o quanto dói ver-se enganado. Desse modo, vai só aumentando a fila dos que não conseguem acreditar no amor de Deus; ou mesmo em amor nenhum. O desencanto e o cinismo são a marca da nossa cultura secularizada. No plano pessoal, temos ainda a experiência da nossa pobreza e miséria, que nos faz dizer: "Sim, o amor de Deus é bonito, mas não é pra mim! Eu não sou digno..."

Os seres humanos precisam saber que Deus os ama e ninguém melhor que os discípulos de Cristo para lhes dar essa boa notícia. Outros, no mundo, compartilham com os cristãos o temor de Deus, a preocupação com a justiça social e o respeito pelo humano, o empenho pela paz e a tolerância; mas ninguém – ninguém! – fora da Bíblia, diz ao ser humano que Deus o ama, que o ama primeiro, e o ama com amor de misericórdia e de desejo: com eros e ágape.

São Paulo nos sugere um método para aplicar à nossa existência concreta a luz do amor de Deus. Escreve: "Quem nos separará do amor de Cristo? Será a tribulação, a angústia, a perseguição, a fome, a nudez, o perigo, a espada? [...] Mas em todas essas coisas nós somos mais que vencedores, em virtude daquele que nos amou" (Rm 8,35-37). Os perigos e os inimigos do amor de Deus que ele enumera são aqueles que, de fato, Ele experimentou na vida: angústia, perseguição, espada... (cf. 2Cor 11,23ss.). Ele os repassa na mente e constata que nenhum deles é forte o bastante para triunfar quando se pensa no amor de Deus.

Nós somos convidados a fazer como Ele: olhar para a nossa vida, do jeito que ela se apresenta, e trazer à tona os medos que nela se aninham, as tristezas, ameaças, complexos, aquele defeito físico ou moral, aquela lembrança doída que nos humilha, e expor tudo à luz do pensamento de que Deus me ama.

A partir de sua vida pessoal o Apóstolo amplia o olhar para o mundo que o circunda. "Eu estou persuadido de que nem a morte nem a vida, nem anjos nem principados, nem presente nem futuro, nem potestades, nem altura nem profundidade, nem nenhuma outra criatura poderá jamais nos separar do amor de Deus, em Cristo Jesus, nosso Senhor" (Rm 8,37-39). Ele observa o "seu" mundo com as potências que o tornavam ameaçador na época: a morte com o seu mistério, a vida presente com as suas bajulações, as potências astrais ou infernais que incutiam tanto terror no homem da Antiguidade.

Nós podemos fazer o mesmo: olhar para o mundo que nos circunda e que nos dá medo. A "altura" e a "profundidade" são para nós, hoje, o infinitamente grande e o infinitamente pequeno, o universo e o átomo. Tudo está pronto para nos esmagar; o ser humano é frágil e só, num universo tantas e tantas vezes maior do que ele, e que se tornou, além disso, ainda mais ameaçador depois das descobertas científicas que o homem fez e não consegue dominar, como está ficando dramaticamente evidente com a questão dos reatores nucleares de Fukushima.

Tudo pode ser questionado, todas as certezas podem nos faltar, mas nunca esta: Deus nos ama e é mais forte do que tudo. Há um salmo que parece ter sido escrito após um cataclismo como o que atingiu recentemente o Japão – terremoto, tsunami e inundação – para que, na certeza de que Deus está com eles, os seres humanos encontrem a força de reerguer-se depois de qualquer desgraça:

> Deus é para nós refúgio e força,
> um auxílio sempre disponível na angústia.
> Por isso nada tememos quando a terra estremece,
> e quando os montes se abalam no seio dos mares.
> Que se agitem suas águas e espumem,
> que estremeçam os montes ao seu fragor!
> (Sl 46,2-4)

III

Seja sincera a vossa caridade

1 Amarás o teu próximo como a ti mesmo

Foi observado um fenômeno curioso. O Rio Jordão, no seu curso, forma dois mares: o Mar da Galileia e o Mar Morto. Mas enquanto o Mar da Galileia é borbulhante de vida, com águas das mais piscosas da terra. O Mar Morto é precisamente um mar "morto", não há rastro de vida nem nele nem ao redor; somente sal. E no entanto se trata da mesma água do Jordão! A explicação, pelo menos em parte, é esta: o Mar da Galileia recebe as águas do Jordão, mas não as retém para si; deixa refluírem, para irrigar todo o vale do Jordão. O Mar Morto recebe as águas do Jordão e as retém para si, não tem efluentes, dali não sai uma gota. É um símbolo. Não devemos limitar-nos a receber amor, mas devemos também dá-lo. É sobre isto que refletiremos nesta meditação. A água que Jesus nos dá deve tornar-se em nós "fonte que jorra" (Jo 4,14).

Depois de refletir nas duas primeiras meditações sobre o amor de Deus como *dom*, é hora de meditarmos também sobre o *dever* de amar; e, em particular, sobre o dever de amar o próximo. O vínculo entre os dois amores é exposto de modo programático na Palavra de Deus: "Se Deus tanto nos amou, também nós devemos amar-nos uns aos outros" (1Jo 4,11).

"Amarás o teu próximo como a ti mesmo" era um mandamento antigo, escrito na lei de Moisés (Lv 19,18) e o próprio Jesus o cita como tal (Lc 10,27). Então como é que Jesus o chama de "seu" mandamento e de mandamento "novo"? A resposta é que com ele mudaram o sujeito, o objeto e o motivo do amor ao próximo.

Mudou antes de tudo o *objeto*, isto é, quem é o próximo que deve ser amado. Não é mais só o compatriota, ou o hóspede que habita em meio a nós, mas todo ser humano, inclusive o estrangeiro (o samaritano!), inclusive o inimigo! É verdade que a segunda parte da frase "Amarás o teu próximo e odiarás o teu inimigo" não se encontra ao pé da letra no Antigo Testamento, mas ela resume sua orientação geral, expressa na lei do talião: "Olho por olho, dente por dente" (Lv 24,20), ainda mais se confrontada com aquilo que Jesus exige dos seus:

> Mas eu vos digo: amai os vossos inimigos e rezai por quem vos persegue, para serdes filhos do vosso Pai que está nos céus; pois ele faz nascer o sol sobre maus e bons, e chover sobre justos e injustos. Se amais os que vos amam, que mérito tereis? Não fazem o mesmo também os publicanos? E se saudais somente os vossos irmãos, que fazeis de extraordinário? Não agem da mesma forma também os pagãos? (Mt 5,44-47).

Mudou também o *sujeito* do amor ao próximo, ou seja, o significado da palavra *próximo*. Esse não é o outro; sou eu. Não é quem *está perto*, mas quem *se aproxima*. Com a Parábola do Bom Samaritano, Jesus demonstra que não devemos esperar passivamente que o próximo surja em nosso caminho, dando seta e de sirene ligada. O próximo é você, ou seja, aquele que você pode se tornar. O próximo não existe de cara; só temos um próximo se nos aproximamos de alguém.

E mudou, acima de tudo, o *critério* ou a medida do amor ao próximo. Até Jesus, o modelo era o amor a si mesmo: "como a ti mesmo". Foi dito que Deus não podia amarrar o amor ao próximo numa estaca mais firme do que esta; não teria atingido o mesmo resultado nem se tivesse dito "Amarás o próximo como ao teu Deus", porque quanto ao amor de Deus, ou seja, quanto ao que é amar a Deus, o ser humano ainda pode trapacear, mas quanto ao amor a si mesmo, não. O ser humano sabe perfeitamente o que significa, em qualquer circunstância, amar a si mesmo; é um espelho que está sempre diante dele, que não deixa escapatória[24].

E, na realidade, uma escapatória nos deixa, e é por isso que Jesus substitui esse modelo e essa medida por outro: "Este é o meu mandamento: que vos ameis uns aos outros *como eu vos amei*" (Jo 15,12). O ser humano pode amar a si mesmo do jeito errado, desejando o mal em vez do bem, o vício e não a virtude. Se uma pessoa dessas ama o próximo como a si mesma e quer para ele o mesmo que quer para si, pobre de quem é amado! Já o amor de Jesus, sabemos aonde nos leva: à verdade, ao bem, ao Pai. Quem o segue "não anda nas trevas". Ele nos amou dando a vida por nós, quando éramos pecadores, ou seja, inimigos (Rm 5,6ss.).

---

24. Cf. KIERKEGAARD. *Gli atti dell'amore*. Milão: Rusconi, 1983, p. 163.

Entende-se dessa forma o que o Evangelista João quer dizer com a afirmação aparentemente contraditória: "Caríssimos, não vos escrevo um mandamento novo, mas um mandamento velho, que tínheis desde o princípio: o mandamento velho é a palavra que ouvistes. E é, no entanto, um mandamento novo o que vos escrevo" (1Jo 2,7-8). O mandamento do amor ao próximo é "antigo" na letra, mas "novo" pela novidade do Evangelho. Novo – explica o papa em um capítulo de seu novo livro sobre Jesus – porque não é mais apenas "lei", mas também, e antes disso, "graça". Funda-se na comunhão com Cristo, possível pelo dom do Espírito[25].

Com Jesus, passamos da relação a dois: "o que o outro te faz, fá-lo a ele", para a relação a três: "o que Deus te fez, faz tu ao outro", ou, partindo da direção oposta, "O que tu tiveres feito com o próximo, é o mesmo que Deus fará contigo". São incontáveis as palavras de Jesus e dos apóstolos repetindo este conceito: "Como Deus vos perdoou, perdoai-vos uns aos outros". "Se não perdoardes de coração aos vossos inimigos, nem vosso Pai vos perdoará". É cortada pela raiz a desculpa do "mas ele não me ama, me ofende..." Isto diz respeito a ele, não a você. A você deve interessar o que você faz ao outro e como você se comporta diante do que ele faz a você.

Falta, porém, responder à pergunta principal: Por que esse singular reposicionamento do amor de Deus ao próximo? Não seria mais lógico "Como eu vos amei, amai a mim" em vez de "Como eu vos amei, amai-vos uns aos outros"? Pois esta é a diferença entre o amor puramente eros e o amor que é ao mesmo tempo *eros* e *ágape*. O amor puramente

---

25. J. RATZINGER [Bento XVI]. Op. cit., p. 76s.

erótico é um circuito fechado: "Ama-me, Alfredo, ama-me como eu te amo", canta Violeta na *Traviata* de Verdi: eu te amo, tu me amas. O amor de ágape é um circuito aberto: vem de Deus e volta a Ele, mas passando pelo próximo. O próprio Jesus inaugurou esse novo tipo de amor: "Como o Pai me amou, assim eu vos amei" (Jo 15,9).

Santa Catarina de Sena deu sobre isto a explicação mais simples e convincente. Ela coloca na boca de Deus as seguintes palavras:

> Eu vos peço que me ameis com o mesmo amor com que eu vos amo. Isso não podeis fazer a mim, porque eu vos amei sem ser amado. Todo o amor que tendes por mim é um amor de dívida, não de graça, na medida em que sois levados a fazê-lo, ao passo que eu vos amo com amor de graça, e não de dívida. Não podeis, portanto, dar a mim o amor que vos peço. Por isso é que os coloquei ao lado do vosso próximo: para que façais a ele o que não podeis fazer a mim, isto é, amá-lo sem consideração de mérito e sem esperar qualquer benefício. E eu considero que fazeis a mim aquilo que fizerdes a ele[26].

2 Amai-vos de coração sincero

Depois destas reflexões gerais sobre o mandamento do amor ao próximo, é chegado o momento de falar das qualidades que devem revestir esse amor. São fundamentalmente

---

26. S. CATARINA DE SENA. *Dialogo*, 64.

duas: deve ser um amor sincero e um amor ativo, um amor do coração e um amor, digamos assim, das mãos. Desta vez vamos nos ater à primeira qualidade, e deixando-nos guiar pelo grande cantor da caridade, que é Paulo.

A segunda parte da Carta aos Romanos é toda uma sucessão de recomendações sobre o amor recíproco dentro da comunidade cristã. "Seja sincera a vossa caridade [...]; amai-vos uns aos outros com afeto fraterno, esforçai-vos por estimar-vos mutuamente..." (Rm 12,9s.). "A ninguém fiqueis devendo alguma coisa, a não ser o amor com que deveis amar-vos uns aos outros. Porque quem ama o próximo cumpriu a lei" (Rm 13,8).

Para captar o espírito que unifica todas essas recomendações, a ideia de fundo, ou melhor, o "sentimento" que Paulo tem da caridade, temos que partir daquela palavra inicial: "Seja sincera a vossa caridade!" Esta não é uma das muitas exortações, mas a matriz de que derivam todas as outras. Contém o segredo da caridade. Procuremos captar, com a ajuda do Espírito, esse segredo.

O termo original usado por São Paulo, e traduzido como "sincero" ou "sem fingimento", é *an-hypòkritos*, isto é, "sem hipocrisia". Este vocábulo é uma espécie de luz sinalizadora; de fato, é um termo raro, que encontramos utilizado, no Novo Testamento, quase que exclusivamente para definir o amor cristão. A expressão "amor sincero" (*anhypòkritos*) retorna também em 2Cor 6,6 e em 1Pd 1,22. Este último texto permite perceber, com toda a certeza, o significado do termo em questão, porque o explica com uma perífrase: o amor sincero – diz – consiste no amar-se intensamente "com sincero coração".

São Paulo, então, com aquela afirmação simples, "seja sincera a vossa caridade", leva o tema até a própria raiz da caridade: o coração. O que se pede do amor é que seja verdadeiro, autêntico, não fingido. Como o vinho, para ser "sincero", precisa ser espremido da uva, assim o amor precisa vir do coração. Também nisso o Apóstolo é o eco fiel do pensamento de Jesus, que indicou repetidas vezes e com força, o coração como o "lugar" em que se decide o valor do que o ser humano faz, o que é puro ou impuro, na vida de uma pessoa (Mt 15,19).

Podemos falar de uma intuição Paulina a respeito da caridade; ela consiste em revelar, por trás do universo visível e exterior da caridade, feito de obras e palavras, outro universo todo interior, que é, em comparação com o primeiro, o mesmo que a alma é para o corpo. Encontramos essa intuição no outro grande texto sobre a caridade, que é 1Cor 13. O que São Paulo diz ali, se observarmos bem, refere-se inteiramente a essa caridade interior, às disposições e aos sentimentos de caridade: a caridade é paciente, é benigna, não é invejosa, não se irrita, tudo desculpa, tudo crê, tudo espera... Nada que se refira, em si e diretamente, a *fazer* o bem, ou às obras de caridade, mas tudo é reconduzido à raiz do *querer* bem. A benevolência vem antes da beneficência.

É o Apóstolo mesmo quem explicita a diferença entre as duas esferas da caridade, dizendo que o maior ato de caridade exterior – o de distribuir entre os pobres todos os próprios bens – não serviria de nada sem a caridade interior (cf. 1Cor 13,3). Seria o oposto da caridade "sincera". A caridade hipócrita, de fato, é exatamente a que faz coisas boas sem querer bem; que mostra exteriormente algo que não tem correspondência no coração. Neste caso, tem-se uma aparência de caridade que pode, no limite, esconder egoísmo, da busca de si mesmo, instrumentalização do irmão ou ainda simples remorso de consciência.

Seria um erro fatal contrapor a caridade do coração à caridade dos fatos, ou refugiar-se na caridade interior para achar nela uma espécie de álibi da falta de caridade ativa. De resto, dizer que, sem a caridade, "de nada serve" dar tudo aos pobres não significa dizer que isso não sirva para ninguém e seja inútil: significa, na verdade, que não serve "para mim", mas pode sim ajudar o pobre que a recebe. Não se trata, assim, de atenuar a importância das obras de caridade (veremos isso melhor no próximo capítulo), mas de garantir que elas tenham fundamento firme contra o egoísmo e as suas infinitas astúcias. São Paulo quer que os cristãos sejam "radicados e fundados na caridade" (Ef 3,17), isto é, que o amor seja a raiz e o fundamento de tudo.

Amar sinceramente significa amar com esta profundidade, em um nível em que você não pode mais mentir, porque está sozinho diante de si mesmo, do espelho da sua consciência, sob o olhar de Deus. "Ama o irmão" – escreve Agostinho – "aquele que, diante de Deus, lá onde só ele vê, confirma o seu coração e se pergunta no íntimo se realmente age dessa forma por amor ao irmão; e o olhar que penetra o coração, onde o ser humano não consegue enxergar, lhe rende testemunho"[27]. Era sincero, portanto, o amor de Paulo pelos hebreus se ele podia dizer: "Eu digo a verdade em Cristo, não minto; pois a minha consciência o confirma por meio do Espírito Santo; trago no peito uma grande tristeza e um sofrimento contínuo; quisera eu mesmo ser anátema, separado de Cristo, por amor de meus irmãos, meus parentes segundo a carne" (Rm 9,1-3). Apenas duas testemunhas,

---

27. S. AGOSTINHO. *Commento alla Prima Lettera di Giovanni*, 6,2 (PL 35, 2020).

a própria consciência e o Espírito Santo, às quais não se pode mentir.

Para ser genuína, portanto, a caridade cristã deve partir do interior, do coração. As obras de misericórdia, "das *vísceras* da misericórdia" (Cl 3,12). Devemos, porém, precisar que aqui se trata de algo bem mais radical que a simples "interiorização", isto é, de simplesmente deslocar o acento da prática exterior da caridade para a prática interna. Este é apenas o primeiro passo. A interiorização se aproxima da divinização! Cristão – dizia São Pedro – é quem ama "de coração sincero". Mas com que coração? Com "o coração novo e o Espírito novo" recebidos no batismo.

Quando um cristão ama assim, é Deus quem ama através dele; ele se torna um canal do amor de Deus. Acontece como pela consolação, que não é mais que uma modalidade do amor: "Deus nos consola em todas as nossas tribulações para que possamos nós também consolar àqueles que se encontram em qualquer tipo de aflição com a mesma consolação com que somos consolados por Deus" (2Cor 1,4). Nós consolamos com a mesma consolação com que somos consolados por Deus, amamos com o mesmo amor com que somos amados por Deus. Não com outro. Isto explica a ressonância, aparentemente desproporcional, de um simplicíssimo ato de amor, muitas vezes até oculto, e a esperança e a luz que cria ao seu redor.

3 A caridade edifica

Quando se fala da caridade nos escritos apostólicos, não se fala jamais abstratamente, de modo genérico. O fundo é sempre a edificação da comunidade cristã. Em outras palavras, o primeiro âmbito de exercício da caridade deve ser a Igreja e, ainda mais concretamente, a comunidade em que se vive, as pessoas com que se têm relações quotidianas. Assim deve ser hoje ainda, em particular no coração da Igreja, entre os que trabalham em contato estreito com o sumo pontífice.

Durante certo tempo, na Antiguidade, designou-se com o termo caridade, *ágape*, não só a refeição fraterna que os cristãos faziam juntos, mas também a Igreja inteira[28]. O mártir Santo Inácio de Antioquia saúda a Igreja de Roma como aquela "que preside a caridade (*ágape*)", ou seja, a "fraternidade cristã", o conjunto de todas as igrejas[29]. Esta frase não afirma só o *fato* do primado, mas também a sua *natureza*, o modo de exercê-lo: na caridade.

A Igreja tem necessidade urgente de uma baforada de caridade que cure as suas fraturas. Paulo VI dizia em um de seus discursos: "A Igreja precisa sentir fluir novamente por todas as suas faculdades humanas a onda do amor, daquele amor que se chama caridade, e que se difunde em nossos corpos exatamente por obra do Espírito Santo que nos foi dado"[30]. Só o amor cura. É o óleo do samaritano. Óleo também porque tem que pairar sobre todas as coisas, como o óleo sobre os líquidos. "Acima de tudo esteja a caridade, que é vínculo da perfeição" (Cl 3,14). Acima de tudo, *super omnia*. Portanto, acima da fé e da esperança, da disciplina, da autoridade, ainda que, evidentemente, a própria disciplina e autoridade podem ser uma expressão da caridade.

---

28. G.W.H. LAMPE. Op. cit., p. 8.

29. S. INÁCIO DE ANTIOQUIA. *Carta aos Romanos*, saudação inicial.

30. Discurso na audiência geral de 29 de novembro de 1972 (*Insegnamenti di Paolo VI*. Tipografia Poliglotta Vaticana, X, p. 1.210s.).

Um aspecto importante a ser trabalhado é o dos julgamentos mútuos. Paulo escrevia aos romanos: "Por que julgas o teu irmão? Por que desprezas o teu irmão? [...] Deixemos de julgar-nos uns aos outros" (Rm 14,10.13). Antes dele, Jesus tinha dito: "Não julgueis, para não serdes julgados. [...] Por que observas o cisco no olho do teu irmão e não vês a trave que há no teu?" (Mt 7,1-3). Compara o pecado do próximo (o pecado julgado), seja qual for, a um cisco, diante do pecado de quem julga (o pecado de julgar), que é uma trave. A trave é o próprio fato de julgar, tão grave ele é diante de Deus.

O discurso sobre julgamentos é delicado e complexo e não se pode parar na metade, sem que fique logo parecendo pouco realista. Como é que se faz, de fato, para viver absolutamente sem julgar? O juízo é implícito em nós até num olhar. Não podemos observar, escutar, viver, sem fazer avaliações, ou seja, sem julgar. Um pai, um superior, um confessor, um juiz, qualquer um que tenha responsabilidade sobre outros, precisa julgar. Às vezes, aliás, julgar é, precisamente, o tipo de serviço a que alguém é chamado a prestar na sociedade ou na Igreja.

Realmente, não é tanto o ato de julgar que deve ser retirado do nosso coração, mas sim o veneno do nosso julgar! É o rancor, a condenação. Na redação de Lucas, o mandamento de Jesus "Não julgueis e não sereis julgados" é seguido imediatamente, como para explicitar o sentido destas palavras, pelo mandamento "Não condeneis e não sereis condenados" (Lc 6,37). Em si, julgar é uma ação neutra. O juízo pode terminar tanto em condenação quanto em absolvição e justificação. Os juízos negativos é que estão em questão e são banidos pela Palavra de Deus, ou seja, os que, juntamente com o pecado, condenam também o pecador, ou ainda os que se preocupam mais com a punição do que com a correção do irmão.

Outro ponto que qualifica a caridade sincera é a estima: "Rivalizai em vos estimardes mutuamente" (Rm 12,10). Para estimar o irmão é preciso não estimar demais a si mesmo, não ser sempre seguro de si. É preciso, diz o Apóstolo, "não fazer um conceito alto demais de si próprio" (Rm 12,3). Quem tem uma ideia elevada demais de si mesmo é como alguém que, à noite, tem diante dos olhos uma fonte de luz intensa: não consegue ver nada além dela; não consegue ver a luz dos irmãos, suas qualidades e seus valores.

"Minimizar" deve se tornar o nosso verbo preferido nas relações com os outros: minimizar as nossas qualidades e os defeitos dos demais. Não minimizar os nossos defeitos e as qualidades alheias, como somos tantas vezes levados a fazer que é diametralmente o oposto! Há uma fábula de Esopo a este respeito; na reelaboração de La Fontaine, ela diz algo assim:

> Ao chegar a este vale, cada um leva nos ombros um duplo emboral. Naquele da parte dianteira lança logo prazenteiro os defeitos dos outros, enquanto no de trás lança os próprios[31].

Deveríamos inverter: lançar os nossos próprios defeitos na sacola que temos à nossa frente, e os defeitos dos outros deixá-los na sacola que fica para trás. São Tiago admoesta: "Não faleis mal uns dos outros" (Tg 4,11). Hoje a fofoca mudou de nome, virou *gossip*, uma coisa inocente, no entanto é uma das que mais prejudicam a convivência. Não basta

---

31. J. DE LA FONTAINE. *Fábulas*, I, 7.

não falar mal dos outros; é preciso também impedir que os outros o façam em nossa presença; fazê-los notar, mesmo que silenciosamente, que não estamos de acordo. Que ar diferente se respira em um ambiente de trabalho ou numa comunidade quando levamos a sério a admoestação de São Tiago! Em muitos locais públicos está escrito "Proibido fumar". Antigamente havia lugares com avisos de que "Aqui não se falam palavrões". Talvez fosse bom substituí-los em alguns casos por: "Proibido fazer fofoca".

Vamos concluir com uma espécie de exame de consciência sobre nosso amor pelos outros a partir do hino à caridade que Paulo escreve em 1Cor 13,4-7. Bastará ler calmamente e, depois de cada afirmação, interrogar a si mesmo: O amor é paciente... eu sou paciente?

> O amor é paciente,
> o amor é benigno,
> não é invejoso;
> o amor não é orgulhoso, não se envaidece;
> não é descortês,
> não é interesseiro,
> não se irrita,
> não guarda rancor;
> não se alegra com a injustiça
> mas regozija-se com a verdade;
> tudo desculpa,
> tudo crê,
> tudo espera,
> tudo suporta.

IV

Um amor feito de atos
A relevância social do Evangelho

1 O exercício da caridade

Na meditação anterior aprendemos de Paulo que o amor cristão deve ser *sincero*; nesta, aprendamos de João que ele também deve ser *efetivo*:

> Se alguém possui riquezas neste mundo e vê o irmão passando necessidade, mas fecha o coração diante dele, como pode estar nele o amor de Deus? Filhinhos, não amemos com palavras nem com a língua, mas com obras e de verdade (1Jo 3,17-18).

Encontramos o mesmo ensinamento, de maneira mais plástica, na Carta de Tiago:

> Se um irmão ou irmã não tiverem o que vestir e precisarem do alimento de cada dia, e alguém de vós lhes disser: "Ide em paz, aquecei-vos e fartai-vos", mas não lhes der o necessário para o corpo, o que adiantaria? (Tg 2,16).

Na comunidade primitiva de Jerusalém esta exigência se traduz na partilha. Diz-se sobre os primeiros cristãos que "vendiam suas propriedades e seus bens e dividiam o dinheiro com todos, segundo a necessidade de cada um" (At 2,45). Mas o que os movia não era um ideal de pobreza, e sim de caridade. O objetivo não era serem todos pobres, mas que não houvesse entre eles nenhum necessitado (At 4,34). A necessidade de traduzir o amor em gestos concretos de caridade também não é estranha ao Apóstolo Paulo, que, como vimos, insiste muito no amor de coração. Prova disso é a importância que ele dá às coletas em favor dos pobres (cf. 2Cor 8–9).

Nesse aspecto, a Igreja Apostólica não faz mais do que imitar o ensinamento e o exemplo do Mestre, cuja compaixão pelos pobres, doentes e famintos não se limitava jamais a um sentimento vazio, mas se traduzia sempre em ajuda concreta. Aliás, ele fez desses atos concretos de caridade a matéria do juízo final (cf. Mt 25).

Os historiadores da Igreja veem neste espírito de solidariedade fraterna um dos fatores principais da "missão e propagação do cristianismo nos primeiros três séculos"[32]. Isto se traduziu em iniciativas – e mais tarde em instituições – voltadas ao cuidado dos doentes, ao sustento das viúvas e dos órfãos, ajuda aos presos, alimento para os pobres, assistência para os forasteiros... Este aspecto da caridade cristã, historicamente e hoje, é tratado na segunda parte da encíclica de Bento XVI *Deus Caritas est* e, institucionalmente, pelo Conselho Pontifício Cor Unum.

---

32. A. VON HARNACK. *Mission und Ausbreitung des Christentums in den ersten drei Jahrhunderten*. Lipsia, 1902.

2 A emergência do problema social

A época moderna, em especial o século XIX, representou uma reviravolta trazendo à tona o problema social. Percebeu-se que já não basta responder caso por caso à necessidade dos pobres e dos oprimidos, mas é preciso agir sobre as estruturas que criam os pobres e os oprimidos. Que se trate de um terreno novo, pelo menos em sua tematização, fica claro pelo próprio título e pelas primeiras palavras da encíclica de Leão XIII *Rerum Novarum*, de 15 de maio de 1891, com a qual a Igreja entra como protagonista no debate. Vale a pena reler como começa a encíclica:

> A sede de inovações, que há muito tempo se apoderou das sociedades e as tem numa agitação febril, devia, tarde ou cedo, passar das regiões da política para a esfera vizinha da economia social. Efetivamente, os progressos incessantes da indústria, os novos caminhos em que entraram as artes, a alteração das relações entre os operários e os patrões, a influência da riqueza nas mãos de um pequeno número ao lado da indigência da multidão, a opinião enfim mais avantajada que os operários formam de si mesmos e a sua união mais compacta, tudo isto, sem falar da corrupção dos costumes, deu em resultado final um temível conflito.

Nesta ordem de problemas se coloca a segunda encíclica do Papa Bento XVI sobre a caridade: *Caritas in Veritate*. Eu não tenho nenhuma competência nesta matéria e, portanto, abstenho-me de entrar no mérito dos conteúdos dela e das outras encíclicas sociais. O que eu gostaria de fazer aqui é ilustrar o substrato histórico e teológico, o assim chamado *Sitz im Leben* desta nova forma do magistério eclesiástico, ou seja, como e por que começaram-se a escrever encíclicas sociais e por que novas encíclicas sociais são escritas de tempos em tempos. Isto, de fato, pode nos ajudar a descobrir algo de novo sobre o Evangelho e sobre o amor cristão. São Gregório Magno diz que "a Escritura cresce com aqueles que a leem" (*Scriptura cum legentibus crescit*)[33], ou seja, ela sempre mostra novos significados conforme as perguntas que lhe são feitas, e isto se mostra particularmente verdadeiro neste âmbito.

A minha reconstituição será feita, como se diz, panoramicamente, destacando pontos centrais, como é possível em poucos minutos, mas as sínteses e os resumos também têm a sua utilidade, ainda mais quando, por diversidade de compromissos, não se tem a possibilidade de aprofundar pessoalmente um determinado problema.

Na época em que Leão XIII escreveu a sua encíclica social havia três orientações dominantes quanto ao significado social do Evangelho. Primeiramente havia a interpretação socialista e marxista. Marx não tinha se ocupado com o cristianismo desse ponto de vista, mas alguns de seus seguidores imediatos (Engels de um ponto de vista ainda ideológico e Karl Kautsky de um ponto de vista histórico) trataram do assunto, no âmbito das pesquisas sobre os "precursores do socialismo moderno".

As conclusões a que chegaram são as seguintes. O Evangelho foi principalmente um grande anúncio social dirigido

---

33. S. GREGÓRIO MAGNO. *Commento a Giobbe*, XX, 1 (CCL 143, p. 1.003).

aos pobres; todo o resto, o seu revestimento religioso, é secundário, uma "superestrutura". Jesus foi um grande reformador social, que quis redimir as classes inferiores da miséria. O seu programa prevê a igualdade de todos os homens, a superação da necessidade econômica. O que a comunidade cristã primitiva viveu foi um comunismo *ante litteram*, de caráter ainda ingênuo, não científico: um comunismo mais no consumo do que na produção dos bens.

Na sequência, a historiografia soviética do regime rejeitaria essa interpretação, que, segundo eles, concedia importância demais ao cristianismo. Nos anos 60 do século passado a interpretação revolucionária ressurgiu, desta vez com cunho político, com a tese de um Jesus chefe de um movimento "zelote" de libertação, mas teve vida breve e marginal nesse momento em nossos campos.

A uma conclusão análoga à marxista, mas dentro de uma proposta muito diferente, chegara Nietzsche. Também para ele o cristianismo havia nascido como um movimento de desforra das classes inferiores, mas a avaliação a ser feita é totalmente negativa: o Evangelho encarna o "ressentimento" dos fracos contra as naturezas vigorosas; é a "inversão de todos os valores", um corte nas asas do decolar humano rumo à grandeza. Tudo que Jesus se propusera teria sido difundir no mundo, em oposição à miséria terrena, um "reino dos céus".

A estas duas escolas – concordantes no modo de ver, mas opostas na conclusão – se veem acompanhadas por uma terceira, que podemos chamar de conservadora. De acordo com essa, Jesus não teria se interessado pelos problemas sociais e econômicos; atribuir-lhe tais interesses seria diminuí-lo, mundanizá-lo. Ele fez uso de imagens do mundo do trabalho e se compadeceu de pobres e miseráveis, mas nunca visou a melhoria das condições da vida terrena.

3 A reflexão teológica: teologia liberal e dialética

Estas são as ideias dominantes na cultura daquele tempo, quando começa uma reflexão teológica por parte das igrejas cristãs. Ela também se desenvolve em três fases e apresenta três orientações: a da teologia liberal, a da teologia dialética e a do magistério católico.

A primeira resposta é a da *teologia liberal* do fim do século XIX e começo do XX, representada principalmente por Ernst Troeltsch e Adolph von Harnack. Vale a pena determo-nos um pouco para olhar as ideias desta escola, porque muitas das suas conclusões, pelo menos neste campo específico, são as mesmas do magistério social da Igreja, embora por outros caminhos. Elas são ainda hoje atuais e compartilháveis.

Troeltsch contesta o ponto de partida da interpretação marxista, segundo a qual o fator religioso é sempre secundário em comparação com o fator econômico, uma simples superestrutura. Estudando a ética protestante e o início do capitalismo, ele demonstra que, se o fator econômico influi no religioso, também é verdade que o religioso influi no econômico. Trata-se de dois âmbitos distintos, não subordinados um ao outro.

Harnack, por sua vez, observa que o Evangelho não nos dá um programa social voltado a combater e abolir a necessidade e a pobreza, não dá pareceres sobre a organização do trabalho e sobre outros aspectos importantes hoje, como a arte e a ciência. Mas, acrescenta, é muito melhor assim! Teria sido péssimo se o Evangelho tivesse ditado regras sobre as relações entre as classes, as condições de trabalho, e assim por diante. Para serem concretas, essas regras teriam nascido fatalmente ligadas às condições do mundo da época (como é o caso de muitas instituições e preceitos sociais do Antigo Testamento), e, portanto, teriam ficado logo anacrônicas e se tornado um estorvo inútil para o Evangelho. A história, também a do cristianismo, mostra como é perigoso ligar-se a contextos sociais e instituições políticas de uma certa época e como é difícil desamarrar-se deles depois.

Mas ouçamos o que escreve Harnack:

> Não há outro exemplo de religião surgida com um verbo social tão poderoso como a religião do Evangelho. E por quê? Porque as palavras "ama o teu próximo como a ti mesmo" são aqui realmente levadas a sério, porque com estas palavras Jesus iluminou toda a realidade da vida, todo o mundo da fome e da miséria... Substitui um socialismo fundado em interesses antagônicos por um socialismo que se fundamenta na consciência de uma unidade espiritual... A famosa máxima do "livre jogo de forças", do "viver e deixar viver" – seria melhor dizer "viver e deixar morrer" – está abertamente contra o Evangelho[34].

A posição da mensagem evangélica se opõe, como vemos, tanto à redução do Evangelho a proclamação social e

---

34. A. VON HARNACK. *Das Wesen des Christentums*. Lipsia, 1900.

luta de classes quanto à posição do liberalismo econômico do livre jogo de forças. O teólogo evangélico se deixa levar por certo entusiasmo:

> Um espetáculo novo se apresentava ao mundo; até então, a religião se adaptava facilmente ao *statu quo* do mundo, ou se instalava nas nuvens, colocando-se em direta oposição a tudo. Mas agora ela tinha um novo dever a cumprir: combater a necessidade e a miséria desta terra, e, similarmente, a prosperidade terrena, reduzindo misérias e necessidades de todo tipo; elevar a vista ao céu na coragem que vem da fé, e trabalhar com o coração, com as mãos e com a voz pelos irmãos desta terra[35].

O que é que a *teologia dialética*, que sucedeu a liberal após a Primeira Guerra Mundial, tem para reprovar nesta visão liberal? Principalmente o seu ponto de partida, a sua ideia do Reino dos Céus. Para os liberais, esse é de natureza essencialmente ética; um sublime ideal moral, que tem como fundamentos a paternidade de Deus e o valor infinito de toda alma; para os teólogos dialéticos K. Barth, R. Bultmann, M. Dibelius, ele é de natureza escatológica; é uma intervenção soberana e gratuita de Deus, que não se propõe mudar o mundo, mas denunciar a sua situação atual ("crítica radical"), anunciar o seu fim iminente ("escatologia consequente") lançando o apelo à conversão ("imperativo radical").

---

35. A. VON HARNACK. *Il cristianesimo e la società*. Mendrisio, 1911, p. 12-15.

O caráter de atualidade do Evangelho consiste no fato de que "tudo o que é exigido não é exigido em geral, de todos e em todos os tempos, mas deste indivíduo e talvez somente dele, neste momento e talvez só neste momento; e é exigido não com base num princípio ético, mas por causa da situação decisiva em que Deus o colocou, e talvez somente a ele, aqui e agora"[36]. A influência do Evangelho no social se dá no singular, no indivíduo, não através da comunidade ou da instituição eclesial.

A situação que interpela hoje àquele que acredita em Cristo é a mesma criada pela Revolução Industrial com as mudanças que ela trouxe ao ritmo da vida e do trabalho, com o consequente desprezo pela pessoa humana. Diante dela não há "soluções cristãs"; cada crente é chamado a responder a ela com a própria responsabilidade, em obediência ao apelo que Deus lhe faz na situação concreta em que ele vive, mesmo se o critério de fundo é o preceito do amor ao próximo. O cristão não deve se resignar com pessimismo às situações, mas também não deve se iludir com a mudança do mundo.

Pode-se falar ainda, nesta perspectiva, de uma relevância social do Evangelho? Sim, mas só de método, não de conteúdo. Explico: esta visão reduz o significado social do Evangelho a um significado "formal", excluindo todo significado "real" ou de conteúdo. Em outras palavras, o Evangelho apresenta o método, o impulso, para um correto posicionamento e um reto agir cristão no social, nada mais.

---

36. M. DIBELIUS. Das soziale Motiv im Neuen Testament. In: *Botschaft und Geschichte*. Tübingen, 1953, p. 178-203.

Este é o ponto fraco desta visão. Por que atribuir aos relatos e às parábolas evangélicas um significado somente formal ("como receber o convite à decisão que vem a mim, aqui e agora") e não também um significado real e exemplar? É lícito, por exemplo, na Parábola do Rico Epulão, ignorarmos as indicações concretas e claras sobre o uso e abuso da riqueza, o luxo, o desprezo pelo pobre, para nos atermos apenas ao "imperativo do agora" que ressoa na parábola? Não é no mínimo estranho que Jesus pretendesse apenas dizer que ali, diante dele, era preciso decidir-se por Deus e, para dizer isso, Ele tivesse construído um relato tão complexo e detalhado que, em vez de concentrar, só desviaria a atenção do centro de interesse?

Uma solução assim, que desmancha a mensagem de Cristo, parte da premissa errada de que não existem exigências comuns na Palavra de Deus, que se impõem ao rico de hoje como se impunham ao rico – e ao pobre – do tempo de Jesus. Como se a decisão pedida por Deus fosse algo vazio e abstrato, um mero decidir-se, e não um decidir-se a respeito de algo. Todas as parábolas de fundo social são definidas como "parábolas do reino" e assim o seu conteúdo é achatado num único significado, o escatológico.

4 A doutrina social da Igreja

A doutrina social da Igreja Católica, como sempre, procura mais a síntese do que a contraposição, o método do *et-et* em vez do *aut-aut*. Ela mantém a "dupla iluminação" do Evangelho: a escatológica e a moral. Em outras palavras: concorda com a teologia dialética no fato de o Reino de Deus pregado por Cristo não ser de natureza essencialmente ética, isto é, um ideal que obtém sua força da validade universal e da perfeição dos seus princípios, mas é uma iniciativa nova e gratuita de Deus, que, com Cristo, irrompe do alto.

Ela se afasta, porém, da visão dialética no modo de conceber a relação entre esse Reino de Deus e o mundo. Entre eles não existe oposição e inconciliabilidade, como não existe oposição entre a obra da criação e a da redenção, e como – vimos na primeira meditação – não há oposição entre *ágape* e *eros*. Jesus comparou o Reino de Deus com o fermento colocado na massa para fazê-la crescer, com a semente lançada à terra, com o sal que dá sabor aos alimentos; Ele diz que não veio julgar o mundo, mas salvá-lo. Isto nos permite ver a influência do Evangelho no social a partir de uma perspectiva diferente e muito mais positiva.

Porém, apesar das diferenças de posicionamento, há conclusões comuns que emergem de toda a reflexão teológica sobre a relação entre o Evangelho e o social. Podemos resumi-las assim: o Evangelho não aponta soluções diretamente voltadas aos problemas sociais (vimos que seria péssimo se tivesse apontado); mas ele contém princípios que se prestam a elaborar respostas concretas para diversas situações históricas. Já que as situações e problemas sociais mudam de época em época, o cristão é chamado cada vez a encarnar os princípios do Evangelho na situação do momento.

A contribuição das encíclicas sociais dos papas é precisamente esta. Por isso elas se sucedem, cada uma retomando o discurso do ponto até o qual chegaram as precedentes (no caso da encíclica de Bento XVI, o ponto é retomado da *Populorum Progressio*, de Paulo VI), e o atualizam com base nas novas instâncias que emergem na sociedade (neste caso, o fenômeno da globalização) e também com base numa interrogação sempre nova da Palavra de Deus.

O título da encíclica social de Bento XVI, *Caritas in Veritate*, indica quais são, aqui, os fundamentos bíblicos sobre os quais se pretende amparar o discurso sobre o significado social do Evangelho: a caridade e a verdade. Escreve:

> A verdade preserva e exprime a força de libertação da caridade nas vicissitudes sempre novas da história [...]. Sem a verdade, sem confiança e amor pelo que é verdadeiro, não há consciência nem responsabilidade social, e o agir social fica à mercê de interesses privados e de lógicas de poder, com efeitos desagregadores na sociedade, ainda mais numa sociedade em vias de globalização, em momentos difíceis como os atuais[37].

A diversidade não está só nas coisas ditas e nas soluções propostas, mas também no modelo adotado e na autoridade da proposta. Consiste, em outras palavras, na passagem da livre-discussão teológica para o magistério, e de uma intervenção social de natureza exclusivamente "individual" (como a proposta pela teologia dialética) a uma intervenção comunitária, como Igreja e não só como indivíduos.

5 A nossa parte

Encerremos com um ponto prático que interpela a todos, inclusive àqueles entre nós que não são chamados

---

37. BENTO XVI. *Caritas in Veritate*, n. 5.

a agir diretamente no âmbito social. Vimos a ideia que Nietzsche tinha da relevância social do Evangelho. De fato, o Evangelho, para Nietzsche, era o fruto de uma revolução, mas uma revolução negativa, uma involução em comparação com o legado grego; era a revanche dos fracos contra os fortes. Um dos pontos que Nietzsche mais ressaltava era a preferência dada ao servir no lugar do dominar, ao tornar-se pequeno em vez de querer emergir e aspirar a coisas grandes.

Ele acusava o cristianismo por um dos mais belos dons que ele deu ao mundo. Um dos princípios com que o Evangelho influi de modo mais claro e benéfico no social é justamente o do serviço. Não é à toa que ele ocupa um lugar importante na doutrina social da Igreja. Jesus fez do serviço um dos pontos cardeais do seu ensinamento; Ele mesmo diz que veio para servir e não para ser servido:

> Aquele dentre vós que quiser ser grande, será o vosso servidor; e aquele que quiser ser o primeiro, seja o servo de todos. Porque também o Filho do Homem veio não para ser servido, mas para servir e para dar sua vida como preço em resgate de muitos (Mc 10,43-44).

Basta refletir sobre essas palavras de Jesus para entender onde está o erro da interpretação de Nietzsche. "Se alguém dentre vós quiser ser grande": portanto, não é proibido aspirar à grandeza, a querer realizar na vida coisas magnânimas, apenas que o caminho para atingir a grandeza foi alterado. Não é o modo do super-homem que se impõe por cima dos outros, sacrificando-os se necessário em nome do próprio sucesso, mas é o caminho do abaixamento, elevando assim sua vida e a dos outros.

O serviço é um princípio universal; ele se aplica a todos os aspectos da vida: o Estado deveria estar a serviço dos cidadãos, o político a serviço do Estado, o médico a serviço dos doentes, o professor a serviço dos alunos... Não é, em si, uma virtude (em nenhum catálogo das virtudes ou dos frutos do Espírito se menciona, no Novo Testamento, a *diakonia*), mas brota de diversas virtudes, em particular da humildade e da caridade. É um modo de manifestação daquele amor que "não procura só o próprio interesse, mas também o dos outros" (Fl 2,4); que doa sem procurar contrapartida.

O serviço evangélico, contrariamente ao do mundo, não é característico de alguém inferior, necessitado, mas por quem é superior, aquele que ocupa as posições mais altas. Jesus diz que, na sua Igreja, é principalmente "quem governa" que deve ser "como aquele que serve" (Lc 22,26); o primeiro deve ser "o servo de todos" (Mc 10,44). No seu livro *Dom e mistério*, João Paulo II expressa com uma imagem forte este significado da autoridade na Igreja. Trata-se de versos que ele compôs em Roma no tempo do concílio:

> És tu, Pedro. Queres ser aqui o Pavimento
> sobre o qual os outros caminham...
> Para chegar lá onde lhes guias os passos;
> – como a rocha sustenta o pisoteio de um
> rebanho.

Para encerrar, escutemos as palavras que Jesus disse aos discípulos logo após lhes lavar os pés como dirigidas a nós, aqui e agora:

Entendeis o que eu vos fiz? Vós me chamais Mestre e Senhor, e dizeis bem, pois eu sou. Portanto, se eu, que sou o Senhor e o Mestre, lavei os vossos pés, vós também deveis lavar-vos os pés uns aos outros. Eu vos dei o exemplo, para fazerdes como eu fiz (Jo 13,12-15).

V

Amou-nos quando éramos inimigos
Pregação da Sexta-feira Santa

Em sua paixão – escreve São Paulo a Timóteo – Jesus Cristo "deu o seu belíssimo testemunho" (1Tm 6,13). Nós nos perguntamos, testemunho de quê? Não da verdade de sua vida e da sua causa. Muitos morreram e, ainda hoje, morrem por uma causa equivocada, acreditando que seja justa. A ressurreição, esta sim dá testemunho da verdade de Cristo: "Deus deu a todos prova segura sobre Jesus, ressuscitando-o dos mortos", dirá o Apóstolo, no Areópago de Atenas (At 17,31).

A morte não testemunha a verdade, mas o amor de Cristo. De fato, ela se constitui a prova suprema desse amor: "Ninguém tem amor maior do que aquele que dá a vida por seus amigos" (Jo 15,13). Poderíamos objetar que há um amor maior do que dar a vida por seus amigos, e é dar sua vida pelos seus inimigos. Mas foi isso precisamente que Jesus fez: "Cristo morreu pelos ímpios – escreve o Apóstolo na Carta aos Romanos. A rigor, alguém poderia morrer por um justo; talvez alguém ousaria morrer por uma pessoa boa. Mas Deus demonstra o seu amor por nós no fato de que, enquanto nós éramos ainda pecadores, Cristo morreu por nós" (Rm 5,6-8). "Amou-nos quando éramos inimigos, para poder nos tornar amigos"[38].

Uma certa "teologia da cruz" unilateral pode fazer-nos esquecer o essencial. A cruz não é só juízo de Deus sobre o mundo, refutação de sua sabedoria e revelação de seu pecado. Não é o "não" de Deus ao mundo, mas o seu "sim" de amor: "A injustiça, o mal como realidade – escreve o Santo Padre em seu último livro sobre Jesus – não pode ser simplesmente ignorado, deixado como está. Deve ser desfeito, vencido. Esta é a verdadeira misericórdia. E que agora, não sendo os homens capazes de fazê-lo, Deus mesmo o faz – esta é a bondade incondicional de Deus"[39].

✳ ✳

Mas como ter a coragem de falar do amor de Deus, quando temos diante dos olhos imagens de desventuras e tragédias, como a última catástrofe que se abateu sobre o Japão com o terremoto de 11 de março de 2011? Simplesmente não dizer uma palavra sobre isso? Mas permanecer em completo silêncio seria trair a fé e ignorar o significado do mistério que estamos celebrando.

Há uma verdade que deve ser proclamada fortemente na Sexta-feira Santa. Aquele que contemplamos sobre a cruz é Deus "em pessoa". Sim, é também o homem Jesus de Nazaré, mas Ele é uma única pessoa com o Filho do Pai Eterno. Enquanto não se reconhecer e não levar a sério o

---

38. S. AGOSTINHO. *Commento alla Prima Lettera di Giovanni*, 9,9 (PL 35, 2051).

39. Cf. J. RATZINGER [BENTO XVI]. Op. cit., p. 151.

dogma fundamental da fé cristã – o primeiro definido dogmaticamente em Niceia – que Jesus Cristo é o Filho de Deus, e Deus Ele próprio, da mesma substância do Pai, a dor humana permanecerá sem resposta.

Não se pode dizer que "a pergunta de Jó ficou sem resposta", e que nem mesmo a fé cristã teria uma resposta ao sofrimento humano, se de saída se recusa a resposta que essa afirma ter. O que se faz para assegurar a alguém que certa bebida não contém veneno? Bebe-se antes dele, na frente dele! Assim fez Deus com os seres humanos. Ele bebeu o amargo cálice da paixão. Não pode, portanto, ser envenenado o sofrimento humano, não pode ser apenas negatividade, perda, absurdo, se o próprio Deus escolheu experimentá-lo. No fundo do cálice deve haver uma pérola.

O nome da pérola nós conhecemos: Ressurreição! "Tenho para mim que os sofrimentos da vida presente não têm proporção alguma com a glória futura que nos deve ser manifestada" (Rm 8,18), e ainda "Enxugará toda lágrima de seus olhos e já não haverá morte, nem luto, nem grito, nem dor, porque tudo isso já passou" (Ap 21,4).

Se a trajetória da sua vida acabasse aqui, teríamos realmente razões para nos desesperar ao pensar nos milhões, talvez bilhões, de seres humanos que iniciam em desvantagem, mergulhados na pobreza e no subdesenvolvimento desde o ponto de partida, e isso enquanto alguns poucos se concedem todo tipo de luxo e nem mesmo sabem como gastar as altíssimas somas que recebem.

Mas não é assim. A morte não só elimina as diferenças, mas as inverte. "E aconteceu que morreu o pobre e foi levado pelos anjos para junto de Abraão – morreu também o rico e foi sepultado nas profundezas" (cf. Lc 16,22-23).

Não podemos aplicar de forma simplista este esquema à realidade social, mas ele está lá para nos alertar que a fé na ressurreição não deixa ninguém quieto em sua vida. Lembra-nos que a máxima "viver e deixar viver" nunca deve se tornar a máxima "viver e deixar morrer".

A resposta da cruz não é apenas para nós, cristãos, é para todos, porque o Filho de Deus morreu por todos. No mistério da redenção há um aspecto objetivo e um aspecto subjetivo; existe o fato em si mesmo, e a tomada de consciência e resposta de fé a ele. O primeiro se estende para além do segundo. "O Espírito Santo – diz um texto do Vaticano II – de um modo que Deus conhece, oferece a todos a oportunidade de associar-se ao mistério pascal"[40].

Um dos modos de associar-se ao mistério pascal é exatamente o sofrimento: "Sofrer – escreveu João Paulo II depois do atentado que sofreu e da longa convalescença que se seguiu – significa tornar-se particularmente suscetíveis, particularmente sensíveis à ação das forças salvíficas de Deus, oferecidas à humanidade em Cristo"[41]. O sofrimento, todo sofrimento, mas especialmente o sofrimento dos inocentes, põe em contato de maneira misteriosa, "conhecida apenas por Deus", com a cruz de Cristo.

✳ ✳

Depois de Jesus, aqueles que "deram seu belo testemunho" e que "beberam do cálice" são os mártires! As

---

40. *Gaudium et Spes*, n. 22.
41. *Salvifici Doloris*, n. 23.

histórias de sua morte eram chamadas inicialmente com o termo *passio*, paixão, assim como nos referimos ao sofrimento de Jesus. O mundo cristão volta a ser visitado pela prova do martírio, que se acreditava ter acabado com a queda dos regimes totalitários ateus. Não podemos silenciar perante este testemunho deles. Os primeiros cristãos honravam seus mártires. Os atos de seus martírios eram lidos e distribuídos entre as igrejas com grande respeito.

Com relação ao martírio, há uma coisa que distingue os atos autênticos dos martírios legendários, compilados como literatura depois que a perseguição tinha terminado. Nos primeiros, quase não há vestígios de polêmica contra os perseguidores, toda a atenção se concentra no heroísmo dos mártires, não sobre a perversidade dos juízes e carrascos. São Cipriano chega até mesmo a ordenar aos seus de dar 25 moedas de ouro para o carrasco que lhe cortaria a cabeça. Eles são discípulos de alguém que morreu dizendo: "Pai, perdoai-os, pois não sabem o que fazem". "O sangue de Jesus fala uma linguagem diferente em relação ao sangue de Abel (cf. Hb 12,24): não pede vingança nem punição, mas reconciliação"[42].

Também o mundo se inclina diante dos testemunhos modernos da fé. Isso explica o inesperado sucesso que teve na França o filme *Homens e deuses*, que conta a história de sete monges cistercienses assassinados em Tibhirine, em março de 1996. E como não ficar admirados com as palavras escritas em seu testamento pelo político católico Shahbaz Bhatti, assassinado por causa de sua fé no Paquistão em março de 2011? Seu testamento foi deixado também para

---

42. J. RATZINGER [BENTO XVI]. Op. cit., p. 211.

nós, seus irmãos na fé, e seria ingratidão deixá-lo cair logo no esquecimento.

> Foram-me propostos – escrevia ele – altos cargos no governo e me pediram para abandonar a minha batalha, mas eu sempre recusei, até mesmo arriscando minha própria vida. Eu não quero popularidade, não quero posições de poder. Eu só quero um lugar aos pés de Jesus. Quero que a minha vida, o meu caráter, as minhas ações falem por mim e digam que estou seguindo Jesus Cristo. Esse desejo é tão forte em mim que eu me considerarei privilegiado se, no meu esforço e na minha luta para ajudar os necessitados, os pobres, os cristãos perseguidos de meu país, Jesus quisesse aceitar o sacrifício da minha vida. Eu quero viver para Cristo e por Ele quero morrer.

Parece ressoar o mártir Inácio de Antioquia, quando se dirigia a Roma para sofrer o martírio. O silêncio das vítimas não justifica a indiferença culpável do mundo diante do seu destino. "O justo perece – lamentava o Profeta Isaías – e ninguém se apercebe; pessoas de bem são tiradas de nosso meio e ninguém se importa"! (Is 57,1).

※ ※

Os mártires cristãos não são os únicos, como vimos, a sofrer e morrer ao nosso redor. O que podemos oferecer aos que não creem, além da certeza da nossa fé de que há um resgate para a dor? Podemos sofrer com os que sofrem, chorar com os que choram (Rm 12,15). Antes de anunciar a ressurreição e a vida, diante do luto das irmãs de Lázaro, Jesus "começou a chorar" (Jo 11,35). Neste momento, sofremos e choramos em particular com o povo japonês, imerso em uma das mais terríveis catástrofes naturais da história. Podemos também dizer a esses nossos irmãos em humanidade que estamos admirados por sua dignidade e exemplo de postura e ajuda mútua que deram ao mundo.

A globalização tem ao menos este efeito positivo: a dor de um povo se torna a dor de todos, suscita a solidariedade de todos. Dá-nos a chance de descobrir que somos uma única família humana, ligada no bem e no mal. Ajuda-nos a superar as barreiras de raça, cor e religião. Como diz o verso de um de nossos poetas, "Homens, paz! Na prona terra, é enorme o mistério"[43].

Mas devemos também recolher o ensinamento que eventos como este nos dão. Terremotos, furacões e outros desastres que atingem igualmente culpados e inocentes nunca são um castigo de Deus. Dizer o contrário significa ofender a Deus e os homens. Mas servem de alerta: neste caso, a advertência de não se iludir que bastem a ciência e a técnica para nos salvar. Se não formos capazes de estabelecer limites, elas mesmas, propriamente, podem se tornar, estamos vendo, a ameaça mais grave de todas.

Também houve um terremoto no momento da morte de Cristo: "O centurião e seus homens que montavam a guarda a Jesus, diante do estremecimento da terra e de tudo o que se passou, foram tomados de pavor e disseram: "Verdadeiramente, este homem era Filho de Deus!" (Mt 27,54).

---

43. G. PASCOLI. *I due fanciulli.*

Mas houve um outro ainda "maior" no momento de sua ressurreição: "E eis que houve um violento tremor de terra: um anjo do Senhor desceu do céu, rolou a pedra e sentou-se sobre ela" (Mt 28,2). Assim será sempre. A cada terremoto de morte sucederá sempre um terremoto de ressurreição de vida.

Alguém disse: "Agora só um Deus pode nos salvar"[44]. Temos a garantia segura de que o fará porque "de tal modo Deus amou o mundo, que lhe deu seu Filho único" (Jo 3,16). Uma época o arco-íris era o sinal da aliança entre Deus e a humanidade; agora, esse sinal é a cruz, e sinal de uma aliança nova e eterna. Preparemo-nos, por isso, para cantar com convicção renovada e comovida gratidão as palavras da liturgia: *Ecce lignum crucis, in quo salus mundi pependit*: Eis o lenho da cruz, do qual pendeu a salvação do mundo. *Venite, adoremus*: Vinde, adoremos.

---

44. *Antwort* – Martin Heidegger im Gespräch. Pfullingen, 1988 ("Nur noch ein Gott kann uns retten").

Conecte-se conosco:

 facebook.com/editoravozes

 @editoravozes

 @editora_vozes

 youtube.com/editoravozes

 +55 24 2233-9033

www.vozes.com.br

Conheça nossas lojas:

www.livrariavozes.com.br

Belo Horizonte – Brasília – Campinas – Cuiabá – Curitiba
Fortaleza – Juiz de Fora – Petrópolis – Recife – São Paulo

  Vozes de Bolso

EDITORA VOZES LTDA.
Rua Frei Luís, 100 – Centro – Cep 25689-900 – Petrópolis, RJ
Tel.: (24) 2233-9000 – E-mail: vendas@vozes.com.br